人生これから！

ひとり暮らしの元気が出るごはん

大庭英子 著

主婦の友社

はじめに

70代になって、より健康を意識するようになりました。病気を遠ざけ、健康な体を保つために食生活はとても大事、とあらためて思っているところです。

でも、食事の大切さはわかっていても、一日3食作るのはたいへんだし作る気力も薄れてきた、というかたもいらっしゃいます。お料理は好きだったのに、だんだん億劫になってきた、というお話もよく聞きます。つい、食事を抜いたり、そのへんのお菓子をつまんですませて、ちょっとした罪悪感に陥ってしまったり……。そうなると、じゅうぶんな栄養がとれず低栄養状態になり、不調を招いてしまう場合もあります。

また、買い物に出かけるのも重い荷物を持って帰るのもたいへん、という声も。手の力が落ちてくれば、なべやフライパンが重く感じられる、というのも70代の現実でしょう。

私もですが、年を重ねて食べられる量が少なくなってきたのを、自覚しているかたも多いと思います。とはいえ、ここががんばりどころ、と思うのです。

70代を元気に過ごすことが、80代、90代の元気につながる、と聞きました。いくつもの〝たいへん〟はありますが、それをなんとか乗り越え、おいしくて体によい食生活を続けて、元気な１００歳をめざしましょう。

栄養不足に陥らないようにするには、どうしたらいいか。買い物がたいへんになっても、食べたいものを食べたいときに食べられるようにするには、どうしたらいいか。

まず、私がおすすめするのは「冷凍食材」と「買いおき食材」の活用です。毎日の食事に欠かせない、体のもととなる肉や魚などのたんぱく質食材を使いやすいように冷凍しておき、卵や乾物など日もちのする食材をストックしておく。この2つで、食事作りはずいぶんラクになります。この本では冷凍した肉や魚（もちろん生でもOKです）や、買いおき

食材を使ったレシピを紹介しています。組み合わせる野菜もシンプル。野菜も、あれこれとりまぜて食べなければと思うと、買いすぎて使いきれずにムダにしてしまうこともあります。一日に食べる野菜の種類が少なくても、1週間のトータルで考えて、バランスがとれていればいいのでは。

また、主菜、副菜、汁物と献立にこだわると、食事作りのハードルが上がります。ときにはどんぶり物やワンプレート、具だくさんスープなど、一品ですませるのも、おおいにありだと思います。

料理家として45年以上、仕事をしてきましたが、心がけてきたのは身近な材料、シンプルな調味料で作りやすく、誰が作ってもおいしくできるレシピです。今回も、健康を意識しながらも身近な食材、一般的な調味料を使ったレシピばかり。なかには、ひと手間が必要なものもありますが、決してむずかしいプロセスではありません。ぜひ、レシピどおりに作って、その「ひと手間」のおいしさを味わっていただければ、と思います。

最後のＰａｒｔ７はスイーツのレシピです。オーブンを使うものもありますが、作り方はシンプル。お菓子作りは久しぶり、というかたも、初めて、というかたも、ぜひ作っていただきたいと思います。手作りの楽しさもありますが、なにより自分で作ったスイーツの味は格別ですし、誰かにプレゼントしたくなったり、お茶会を開きたくなったり。

心と体の健康のためには、人とのコミュニケーションも大切と聞きます。手作りスイーツが誰かとつながるきっかけになれば、うれしいです。

大庭英子

Contents

塩鮭で

Part 3

**卵大好き！
栄養満点で
主役も脇役もこなす、
万能食材**

Part 4

**おいしくて手間いらず！
70代からの
厳選・電子レンジ
活用レシピ**

Part 5

**野菜もたんぱく質もOK！
これ一つで心も体も大満足、
最強の一皿《ワンプレート》＆
最強のスープ**

最強の一皿《ワンプレート》

最強のスープ

Contents

Part 6

少しだけ手間暇かけて。
親しい人との
食事会にもおすすめの
「ご馳走」レシピ

Part 7

デザート＆おやつ。
余裕ができた
今だからこそ、
手作りを楽しむ

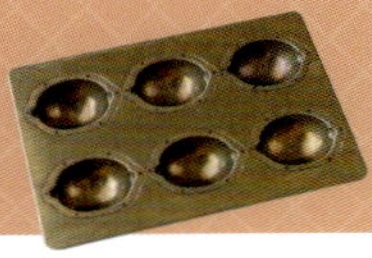

この本の使い方

- この本における大さじ1は15㎖、小さじ1は5㎖、1カップは200㎖です。
- 火かげんは特に指定のないかぎり、中火で調理しています。
- 材料の分量、加熱時間は目安です。調理器具によっても違いがあるので、様子を見ながらかげんしてください。
- フライパンは直径20㎝のフッ素樹脂加工のものを使っています。
- 電子レンジの加熱時間は600Wで使用したときの目安です。500Wなら加熱時間を1.2倍にしてください。機種により加熱ぐあいが異なることがあるので、様子を見ながらかげんしてください。
- 材料の「油」はサラダ油、米油など、好みの植物油を使用してください。

Part

1

元気な80歳、90歳、
そして100歳をめざして。
おいしいごはんを
作って食べて、
心地よく暮らしています

無理せず気楽に。
体も心も「心地よさ」を
大切にしています。

健康を、より意識するようになった70代。基本はくずさず、でも臨機応変さも大切に

朝ごはんは簡単に手早くできるもので。卵2個をささっとスクランブルエッグに。

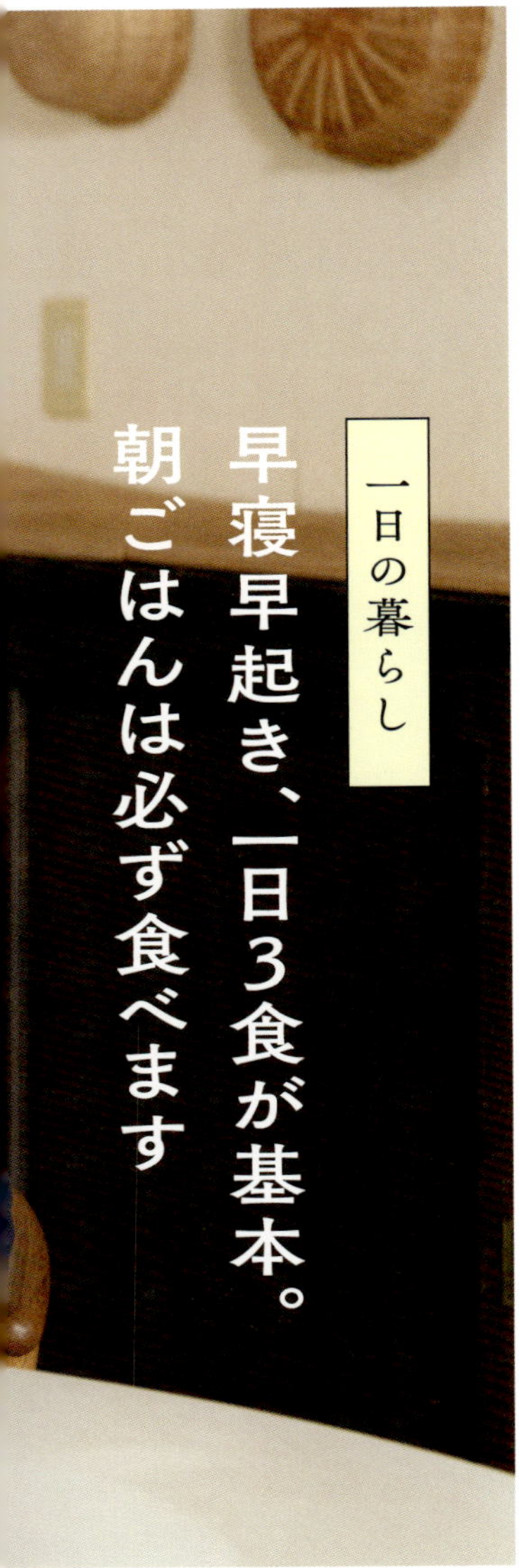

一日の暮らし

早寝早起き、一日3食が基本。朝ごはんは必ず食べます

70歳を迎えたころから年齢を意識するようになりました。それまでは体の変化をあまり感じていなかったのですが、70歳は違いました。若い人と同じようにもりもり食べていたのが、少しですが食べられる量が減ったり、体がかたくなったな、と感じるようになったりしたのです。71歳になって、また食べられる量が少なくなったように思います。年を重ねるごとの変化に、70代以降も元気に過ごすには食事の工夫や体を動かすことが大事、とあらためて思いました。

これまで元気でこられたのは食事に気をつけ、規則正しい生活があったから。朝は6時に起きてゆっくり過ごし、夜は日付が変わらないうちにやすむ。これはずっと変わりません。食事は一日3回、だいたい決まった時間に食べます。朝ごはんは絶対に食べます。朝食を食べたほうがお昼もちゃんとおなかがすきます。お昼ごはんは12時、夕飯は18時から19時くらいに。

朝から夕方まで、お料理の仕事の撮影があるときは、いつもどおりとはいきませんが、午後2時

朝は6時ごろ起きて、まずコーヒーをたっぷりポットに入れます。新聞を読んだり、ベランダの鉢植えに水をやったりしてゆっくり過ごしたあと、7時ごろに朝ごはんを食べます。

には、お昼ごはんの時間をしっかりとって、撮影スタッフと一緒におしゃべりを楽しみながら食べています。

運動は2年ほど前から始めたジム通いとヨガ。ジムは週に2回、ヨガは月に2回。筋肉も関節もこれ以上かたくならないように。

朝ごはんはパンが多く、この日はトーストにスクランブルエッグ、スモークサーモン、ほうれんそうのソテーをたっぷり。手作りのジャムをのせたヨーグルトはほぼ毎日。キウイフルーツやりんごなど、果物も朝食べることが多い。

食の基本

まず、たんぱく質をしっかり！ 調理はシンプルに

筋肉を維持し健康を守るためにはじゅうぶんなたんぱく質の摂取が必要。食事では、まずたんぱく質をしっかりとることを考えています。野菜も一日３５０ｇといわれますが、野菜を多く食べると肉や魚などのメインが食べられなくなることもあるので、たんぱく質を重視しています。栄養バランスも大事ですが、一食一食にこだわらず、一週間単位で考えるのでいいのでは……。なので献立にはこだわらず、ワンプレート料理のときも。

調理は食材も調味料もシンプルに。ひとり暮らしのごはんには小さめのフライパンが大活躍。いため物だけでなく煮物やカレー、スープもフライパンで。スライサーやフードプロセッサーなど、調理がラクにおいしくできる器具も活用しています。

1

2

3

4

1／野菜を均一に薄く切ったり細切りにしたりするにはスライサーが便利。**2**／ひとりごはんに役立つ直径20cmのフライパン、小型の卵焼き器。肉を焼くときなどに扱いやすいトング。**3**／いつでもじゅうぶんなたんぱく質がとれるよう、肉や魚は小分けにして冷凍保存。**4**／卵も重要なたんぱく質源なので常備。

春／新じゃが、菜花、ふき、スナップえんどうなど。夏／とうがん、トマト、なす、ピーマン、さやいんげんなど。トマトやピーマンも旬の味は格別。秋／ごぼう、かぼちゃ、きのこ、れんこんなど。冬／かぶ、大根、白菜など。ひとり暮らしでも好きな野菜は少量ではなく普通に買って食べつくします。

季節を意識

春夏秋冬、好きな野菜を食べて、体も心も満足

ほとんどの野菜が一年中、手に入るようになりましたが、それでもその季節ならではの野菜もあれば、この季節が絶対においしい、という野菜もあります。そういった季節を感じさせてくれる野菜に出会うと、料理がより楽しくなります。

　春は新じゃがや新玉ねぎ、たけのこ。ふきや菜花も、春の到来を知らせてくれる野菜です。夏はなんといってもなす。なす好きの私は焼く、蒸す、揚げる、煮る、とさまざまな食べ方を楽しんでいます。とうがんも淡泊ながら個性的な野菜。秋はれんこんやごぼうがおいしくなります。冬は大根、白菜、かぶ。

　いちごや桃、夏みかん、いちじくなど、季節ごとの果物も、毎年、ジャムに。30年以上作り続けています。

旬の果実を使ったジャム作りは、毎年の楽しみ。

料理の工夫

冷凍庫・電子レンジを味方に。買い物も工夫して負担を減らす

1

70代からの食事作りに大きな助けとなるのは冷凍庫。冷凍庫は料理の仕事をするうえでも大事な存在ですが、仕事をやめてからも必要不可欠なものだと思っています。肉や魚などのたんぱく質源も冷凍しておけば、買い物に行けない日でも料理が作れます（くわしくは16ページ）。

電子レンジも70代以降には強い味方に。これまでは電子レンジは再加熱に使うくらいでしたが、姉が電子レンジをよく使う、と聞いて考えました。電子レンジでおいしく作れるレシピがあれば、火を使いたくない日、洗い物を少なくしたいときなどに、役に立つのでは、と。そう思い新たにレシピを作りました。

また買い物も毎日の食生活に役立つ食材を買いおきしておけば負担が減らせます（くわしくは18ページ）。

2

1／電子レンジで作れるチンジャオロースー。味つけ方法や野菜の切り方を工夫しました。**2**／買い物に行けない日も。健康的で豊かな食生活を送るために役立つ食材を買いおきしています（18ページ）。**3**／大事なたんぱく質源、肉は買ったその日のうちに小分けにして冷凍。さまざまな料理に活用。

3

生活の工夫

リラックスできる小さな趣味。お掃除はロボットが相棒

以前は機織りの教室に通っていました。手を動かすのは好きです。子どものころに楽しんだリリアン編み。海外にも同じようなものがあり、お土産に買ってきたものが、いつの間にかコレクションのようになりました。ピンにかけた糸をすくって編んでいく単純なものですが、手を動かすと無心になれます。

メガネがトレードマークのように言われますが、こだわりはありません。おき忘れてなくしたりするので、なくしてもあわてなくていいように同じようなデザインのリーズナブルなものを複数持っています。

数年前から、お掃除には「お掃除ロボット」を活用しています。ほかのことをしている間にロボット君がお掃除してくれるので、とってもラク。その分、料理に時間を使えますね。

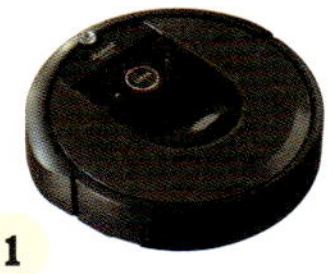
1

3

2

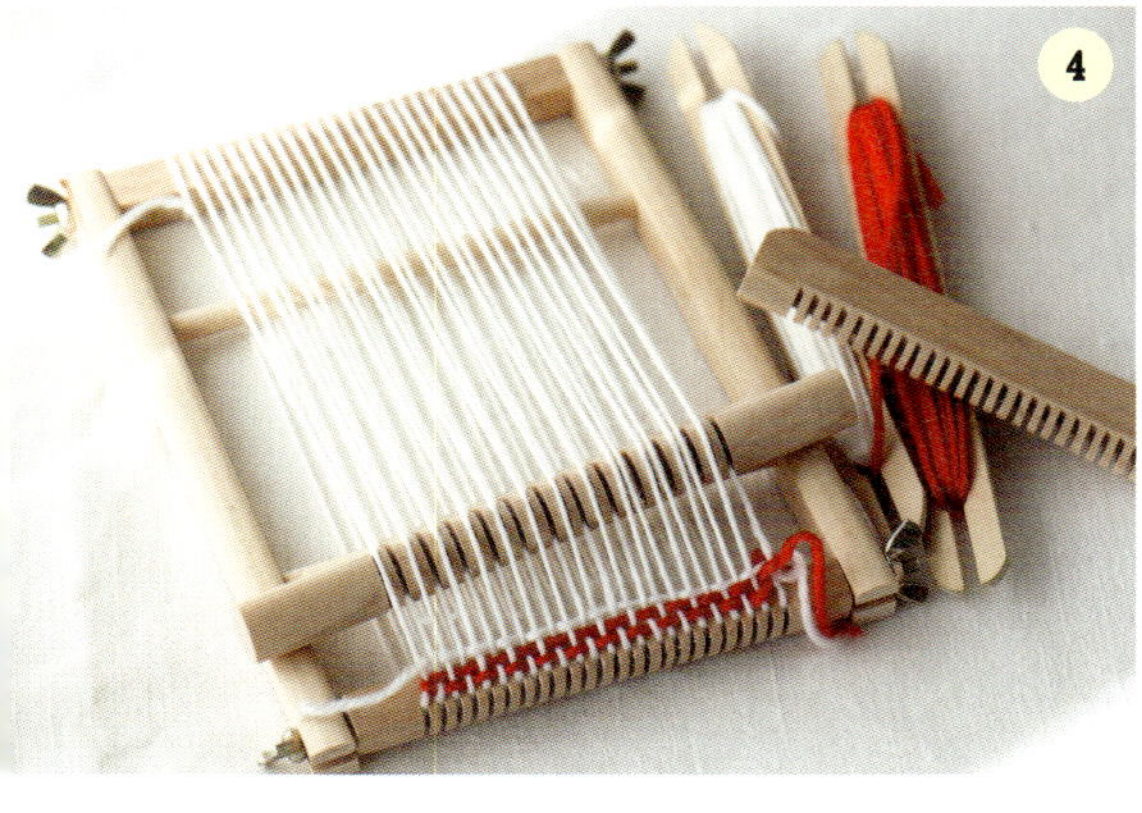
4

1／相棒のお掃除ロボット。よく働いてくれます。**2**／中央の赤いリリアンは子ども時代のもの。ほかは国内外で買ったコレクションの一部。編んだひもでなべ敷きを作ったり。**3**／同じようなデザインのメガネをいくつも持っています。**4**／これもお土産で買ってきた海外のおもちゃの機織り機。おもちゃだけれどちゃんと作れます。

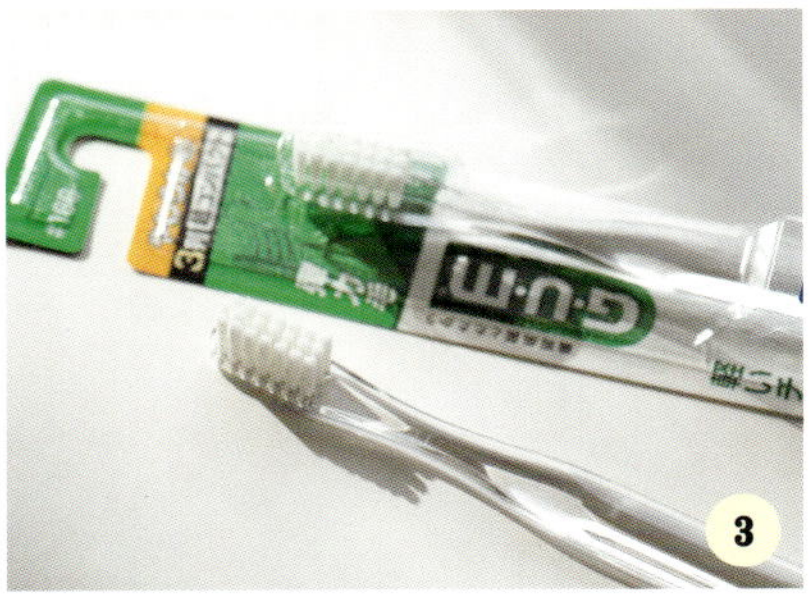

1／愛用のスキンケア製品。オリーブオイルの洗顔せっけんでさらっと洗って、化粧水とスクワランオイルをつけるだけ。**2**／ピアスはたくさん持っています。若いころはぶら下がるタイプが好きでした。**3**／歯磨きは手動で。コンパクトなヘッドの歯ブラシを使用。

体のケア

スキンケアはシンプルに。命につながる歯の健康も大事

お化粧は、もう何十年もしていません。スキンケアも化粧水とスクワランオイルだけというシンプルさです。実は日焼け止めもつけていません。お化粧をしないので、どこかにきちんと感が出るように、と欠かさないのがピアスです。20歳のころからつけているのでピアス歴は50年以上！

体の健康とともに気にかけているのが歯の健康です。いつまでも自分の歯でかめるように、4カ月に一度は歯科通い。歯磨きは朝起きてすぐと、毎食後の一日4回。テレビを見ながらていねいに磨きます。おかげさまで親知らずも含めて32本、全部あります。とはいえかたいお菓子をかじってひびが入ってしまったことも。かむことは認知症の予防にもつながると聞くので、歯は大事にしたいですね。

食事だけではたんぱく質が足りないと思うときはプロテインも。ココアとまぜて飲む。

Part

2

70代の元気と おいしい食生活を支える 「冷凍＆買いおき」術と おすすめ食材、 使いこなしレシピ

食べたいものが、
いつでも食べられる、
こんな工夫をしています。

〝元気〟を支える **冷凍術**

冷凍食材を常備しておけば おいしくて体にいい食事が ラクに作れます

食べたいものを、食べたいときに、おいしく食べる。そのためにおすすめしたいのが食材の冷凍です。特に肉や魚など、元気の源となるたんぱく質食材を冷凍庫に常備しておけば、買い物に行けないときでも食べたいものをささっと作ることができます。

牛切り落とし肉、豚バラ薄切り肉、鶏や豚のひき肉、合いびき肉は、多めに買い、買ってきたらすぐ1人分80～100gに分けて冷凍しておきます。魚は切り身を。特におすすめなのが甘塩の塩鮭です。ごはんのおかずのイメージがある塩鮭ですが、パスタやクリーム煮などの洋風料理の食材としても使えて、とてもおいしいのです。

70代からの食事作りに冷凍庫は強い味方。毎日の食事を楽しく、おいしく。そして栄養不足にならないためにも、冷凍した食材をじょうずに使いこなしていきましょう。

20ページからは、冷凍した肉や魚（もちろん生の肉や魚でもOKです）を使い、おいしくて元気になれるレシピをご紹介します。

豚肉、牛肉、ひき肉、塩鮭、冷凍しておけば、いつでも食べられます

70代以降も健康を維持するためにはたんぱく質が大切。60代以上でもたんぱく質は1日50～65gは必要といわれています。豚肉や鶏肉100gに含まれるたんぱく質は約20g。意識しないと必要な量はなかなかとれません。薄切り肉やひき肉は速く凍り、速く解凍できるように小分けにし、薄くしてラップで包み、さらに冷凍用保存袋に入れて冷凍します。

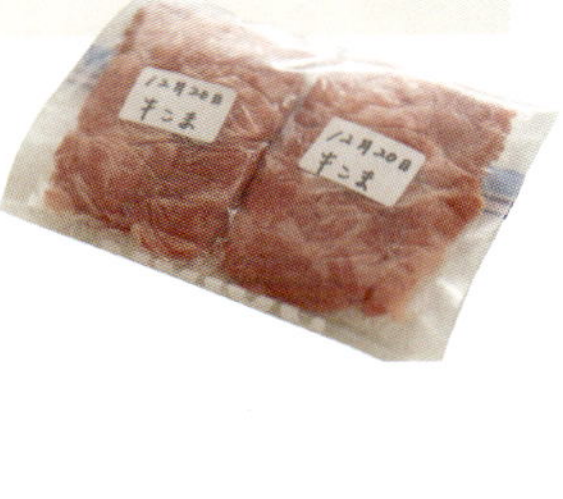

シールに内容と日付を書いてはり、冷凍庫へ。

にんにくは刻んで小さな容器に入れて冷凍しておくと手早く使えます。

きのこやもやしは残ったら冷凍、トマトは追熟後に冷凍

野菜は新鮮なうちにおいしく食べたいので基本は冷凍しませんが、もやしやきのこが残ったときは冷凍してスープの具やなべの具に使います。トマトは追熟させてから、冷凍しておくとカレーやシチュー、スープなどに使えて便利（52ページ）。冷凍するときは冷凍用保存袋に入れ、できるだけ空気を抜いて密封します。私は真空パックの機械（右上の写真）を使っています。

多めに炊いたごはんも冷凍。チャーハンやおじやにも活躍

ごはんは多めに炊き、おひつに移して水分をとばしてから一膳分150gくらいずつ容器に小分けにして冷凍しています。炊きたてにはかないませんが、おひつに移すひと手間でおいしくなります。冷凍ごはんがあれば、チャーハン（48ページ）やおじや（60ページ）もいつでも作れます。私はパンも好きなのでパンも冷凍しています。

解凍は自然解凍より電子レンジで手早く

冷凍した肉は以前は冷蔵庫で自然解凍していましたが、今は調理の直前に電子レンジを使って解凍しています。時間もかからず、においも気になりません。解凍モードや弱（100～150W）で、時間はお使いの機種の説明に合わせて。様子を見ながら加熱してください。

あると便利な市販の冷凍食材

枝豆はたんぱく質源でもあり、冷凍枝豆はひき肉とまぜて焼いたり（36ページ）、料理にちょっと青いものがほしいときに加えたり。冷凍栗かぼちゃは、ほくほくしているのでお菓子作りに（107ページ）に。

〝元気〟を支える 買いおき術

「野菜、乾めん、たんぱく質食材、乾物…。買い物に行けない日もこれだけあれば、大丈夫！」

70代ともなると、毎日買い物に出かけるのはたいへん。食材のストックがなければ、ありあわせですませる日が続き、気がつかないうちに栄養失調になってしまう危険も……。

冷凍の肉や魚だけでなく、日もちがして、使いやすくて、いつでもおいしく食べられる食材をストックしておくのも大事です。

使い回しのきく野菜、そばやそうめん、パスタなどの乾めん、栄養価が高く料理のバリエーション豊富な卵、災害時の備えにもなるさば缶、ツナ缶、乾物など。ここでは常備しておくと便利で、健康的で豊かな食生活が送れる食材をご紹介します。猛暑日や荒れた天気の日、体調がすぐれない日など、冷凍食材と買いおき食材があれば心強いですね。

ところで私の場合、買い物は近くのスーパーが基本。仕事がら、持ち帰るのがたいへんな量のときは配達を頼んでいます。たくさん買わなくても、お米や調味料、重い野菜などは配達を頼むかネットスーパーなどを利用するのもいいと思います。

うどん、そば、パスタ、乾めんがあれば心強い

お昼にはめん類を食べることも多いので、うどんやそば、パスタ、そうめんなども常備しています。乾めんは賞味期限も長く、季節を問わず食べられるので便利です。メーカーや産地にこだわりはなく、スーパーで買えるものばかり。乾めんをおいしくゆでるコツは、たっぷりのお湯で、袋に書いてあるゆで時間どおりにゆでること。

日もちがしてアレンジがきく野菜を常備

一日にいろいろな種類の野菜を食べようと、あれこれ買うと使いきれず、ムダにしてしまうことも。玉ねぎ、にんじん、じゃがいものように、日もちがしてさまざまな料理に使える野菜は多めに買います。それ以外の野菜は２〜３日で使いきれる量を買い、シンプルな食材の組み合わせの料理で食べるのもムダをなくすポイントです。

毎日でも食べたい卵。ベーコンはカリカリに焼いて食べるのもおいしいし（74ページ）、スープに入れればよいだしが出ます。干しえびはもどし汁はだしに、えび自体にもうまみがたっぷり。油揚げは甘辛煮にしたり（80ページ）、ひき肉や卵を入れて煮たり（39ページ）、焼いたり。ちりめんじゃこもいろいろ使えます。

卵、ベーコン、油揚げ、賞味期限が長めの食材

さば缶、ツナ缶。メインにもなるたんぱく質食材

たんぱく質源として肉と同じくらい魚も食べたほうがよいといわれています。さばやまぐろには、体にいい脂質のDHAやEPAも多く含まれているので、そのまま食べられる缶詰も利用したいですね。さば缶はごはんのおかずだけでなく、生野菜にのせてサラダにしてもおいしく食べられます。ツナ缶もサラダやパスタ、スープなどに。

ひじきや切り干し大根、きくらげは食物繊維に鉄、カルシウムなどのミネラルも豊富。高野どうふは大豆のたんぱく質、カルシウムなどが豊富。小豆や金時豆などは煮豆に。水でもどさずそのまま使えるレンズ豆はスープ（87ページ）やシチューに。干ししいたけは一袋全部を水でもどし、使わない分のしいたけは冷凍保存しています。

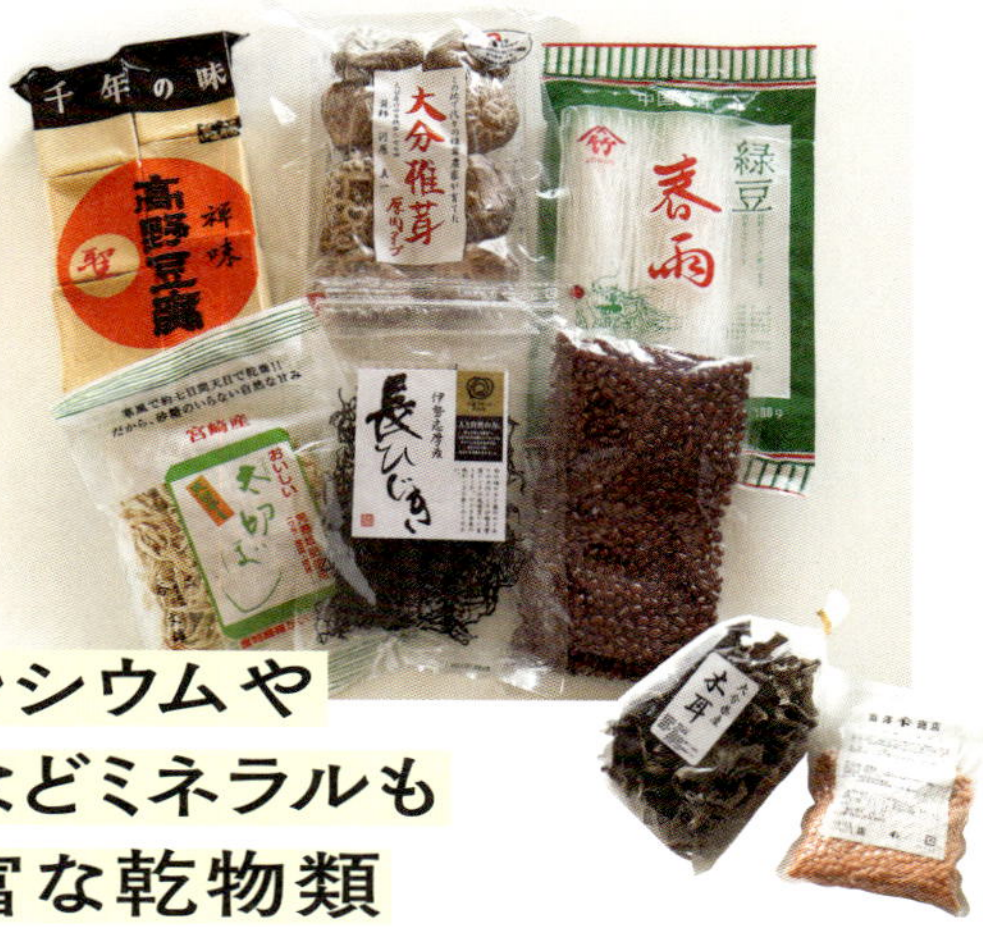

カルシウムや鉄などミネラルも豊富な乾物類

調味料は基本的なものだけあれば大丈夫

調味料はスーパーで買える一般的なものを常備。砂糖は上白糖、塩は自然塩、しょうゆはキッコーマンの「特選丸大豆しょうゆ」。酢はまろやかな酸味の「千鳥酢」、白ワインビネガーなど。酒は料理酒ではなく普通の日本酒。みそは手作りのもののほか白みそ、赤みそは購入。こしょうはひきたてがおいしいのでペッパーミルを使用。

牛切り落とし肉で

そのまま使えて便利な切り落とし肉。やわらかくて適度に脂がある国産牛も切り落としなら比較的リーズナブル。フライパン一つでできるレシピばかり。

プルコギ

材料（1人分）

牛切り落とし肉…100g
玉ねぎ…小½個（50g）
しめじ…60g
せり…40g

A
- ねぎのみじん切り…大さじ1
- にんにくのみじん切り…少々
- しょうゆ…大さじ1
- 酒…大さじ½
- 砂糖…小さじ1
- 一味とうがらし…少々
- ごま油…大さじ⅔

いり白ごま…少々

1 牛肉は大きければ3㎝幅に切る。

2 大きめのボウルに牛肉を入れ、**A**を加えてまぜ合わせ、10分ほどおく。

3 玉ねぎは横に1㎝厚さに切る。しめじは根元を少し切り、食べやすくほぐす。せりは3㎝長さに切る。

4 **2**に玉ねぎ、しめじを加えてまぜる。

5 フライパンを熱し、**4**を広げるようにして入れる。途中全体をまぜながら、牛肉に火が通り、野菜がしんなりするまでいため、最後にせり、ごまを加えてまぜる。

牛肉にねぎとにんにくのみじん切り、調味料を加えてまぜ、下味をしっかりつける。

甘辛味の下味をつけて、
フライパンで一気にいためる！
これと白いごはんがあれば大満足

せりの独特な香りとシャキッとした
歯ざわりがアクセント。
せりは最後に入れて、さっといため合わせます。

牛肉と小松菜の中華いため

下ゆでいらずの小松菜をたっぷり使ったシンプルないため物。
オイスターソースがあれば、簡単に中華風に仕上がります。

材料（1人分）

牛切り落とし肉…100g
小松菜…150g
にんにく…小１かけ
赤とうがらし…１本
かたくり粉…小さじ１
酒…大さじ１
A オイスターソース…大さじ１
　しょうゆ…小さじ½
　こしょう…少々
油…大さじ１

1 小松菜は根元に十文字の切り込みを入れて水に10分ほどつけ、茎と茎の間の汚れを落として洗う。水けをきり６～７㎝長さに切る。

2 にんにくは縦半分に切り、包丁の腹でつぶす。赤とうがらしは種を除く。

3 フライパンに油大さじ½を熱して小松菜を入れ、さっといため、水大さじ２を振り、ふたをして１分ほど強めの中火でいためゆでにしてとり出す。

4 **3**のフライパンの水けをふき、残りの油を熱し、にんにく、赤とうがらしを入れ弱火で香りよくいためる。牛肉にかたくり粉をまぶして加え、中火でほぐしながらいためる。肉の色が変わったら酒を振り、**A**で調味して小松菜を戻し入れ、いため合わせる。

牛肉とねぎのさっと煮

材料（1人分）

牛切り落とし肉…100g
ねぎ…70g
しょうがのせん切り…少々
酒…大さじ1
A | みりん…大さじ1
砂糖…小さじ1
しょうゆ…小さじ2
油…小さじ1
七味とうがらし…少々

1. ねぎは斜め薄切りにする。
2. フライパンに油を熱して牛肉を入れ、ほぐすようにしていためる。肉の色が変わったら、しょうがを加えていため、酒を振り、**A**を加えてまぜ、ふたをして弱火で6〜7分煮る。
3. ねぎを加えて火を止め、さっとまぜ合わせ、器に盛り、七味とうがらしを振る。

甘辛味がしっかりしみた牛肉とねぎの相性は抜群。
ねぎを加えたら火を止め、食感と独特の辛みを楽しんで。

ハッシュドビーフ

フライパン一つで、
おいしいハッシュドビーフが
あっという間に完成！

材料（1人分）

牛切り落とし肉…100g
玉ねぎ…小½個(50g)
エリンギ…大１本(60g)
塩、こしょう…各少々
小麦粉…大さじ１
バター…大さじ１
トマトジュース…１缶(食塩無添加・190g)
ローリエ…½枚
A | 砂糖…少々
　| 塩…小さじ⅓
　| こしょう…少々
油…大さじ½
生クリーム…大さじ２
あたたかいごはん…適量

1 牛肉は塩、こしょうを振り、まぜる。

2 玉ねぎは縦に５mm厚さに切る。エリンギは長さを半分に切り、縦半分に切り、さらに６〜７mm厚さに切る。

3 フライパンに油を熱し、牛肉に小麦粉をまぶして入れ、ほぐすようにしていためる。肉の色が変わったらとり出す。

4 **3**のフライパンにバターをとかし、玉ねぎ、エリンギを入れていため、しんなりしたら牛肉を戻し入れる。トマトジュース、ローリエを加えて煮立ってきたら、**A**を加えてまぜ、ふたをして弱火で10分ほど煮る。

5 器にごはんと**4**を盛り、生クリームをかける。

牛肉に小麦粉をまぶすことで、肉のうまみを閉じ込め、とろみをつけることができる。

味のベースはトマトジュースでOK。

1人分でもささっと作れます。
仕上げに生クリームをプラスすることで
まろやかな味わいに。

牛肉とスナップえんどう、新玉ねぎの塩いため

野菜の甘みを引き立てる、塩、こしょうのみのシンプルな味つけ。
スナップえんどうは少量の水でいためゆでにして、歯ざわりよく仕上げます。

材料（1人分）

牛切り落とし肉…100g
スナップえんどう…80g
新玉ねぎ…小½個（50g）
かたくり粉…小さじ1
酒…大さじ1
塩…適量
こしょう…少々
油…大さじ1

1 スナップえんどうは筋をとる。玉ねぎは縦に1cm厚さに切る。

2 フライパンに油大さじ½を熱してスナップえんどうを入れていため、塩少々、水大さじ2を振り、ふたをして2分ほどいためゆでにしてとり出す。

3 **2**のフライパンをさっとふき、残りの油を熱し、牛肉にかたくり粉をまぶして入れ、ほぐすようにしていためる。肉の色が変わったら、玉ねぎを加えてしんなりするまでいため、スナップえんどうを戻し入れる。酒を振り、塩小さじ⅓、こしょうで調味していため合わせる。

牛肉とれんこんの煮物

材料（1人分）

牛切り落とし肉…100g
れんこん…150g
酒…大さじ2
A | みりん…大さじ1
　| 砂糖…小さじ1
　| しょうゆ…大さじ1
いり白ごま…小さじ½
ごま油…大さじ½

1 れんこんは皮をピーラーでむく。1㎝厚さの半月切りにし、水でさっと洗い、水けをきる。

2 フライパンにごま油を熱して牛肉を入れ、ほぐすようにしていためる。肉の色が変わったら、れんこんを加えていため、酒を振り、水⅓カップを加える。煮立ってきたら、火を弱めて**A**を加えてまぜ、ふたをして弱火で12〜15分ほど煮る。ごまを振る。

れんこん好きにはたまらない、ごはんが進むおかず。れんこんは水に長くさらさずに、さっと洗うのがおいしさを引き出すポイント。

豚バラ薄切り肉で

豚バラ肉の脂には、うまみがたっぷり含まれていて、料理をおいしく仕上げてくれます。薄切りなら冷凍も解凍も簡単。調理もラクラク。

材料（1人分）

豚バラ薄切り肉…100g（5枚ぐらい）
白菜…¼カット（450g）
みそ…大さじ2
A 酒…大さじ½
　おろししょうが…少々
　ごま油…小さじ1
　こしょう…少々
酒…大さじ2
細ねぎの小口切り…少々
すり白ごま…大さじ½

1 ボウルにみそを入れ、**A**を加えてまぜる。

2 豚肉はまないたに並べて幅を半分に切り、へらなどで表面に**1**を塗る。

3 白菜は芯を切り離さず、葉と葉の間に**2**をはさんでいく。元の形に整え、なべの深さに合わせて切り、切り口を上にして詰め込む。

4 酒、水⅔カップを加え、ふたをして火にかける。煮立ってきたら弱火にして30分ほど、とろとろになるまで煮て、細ねぎとごまを散らす。

肉を半分に切り、**1**を塗る。

1を塗った豚肉を白菜にはさむ。

なべの深さに合わせて切り、切り口を上にしてなべに詰める。

白菜と豚肉の重ねなべ

とろとろに煮えた白菜。
豚肉のうまみとみそ味がしみて、
いくらでも食べられます

ぎゅうぎゅうに詰めた白菜が
30分煮ることで
ひとりで食べられる量に。

材料（1人分）

豚バラ薄切り肉…80g
もやし…1袋（200g）
カレー粉…大さじ½
酒…大さじ⅔
しょうゆ…小さじ2
油…小さじ½

1 もやしはひげ根をとり、水で洗い、サラダスピナーで水けをきる。

2 豚肉は1.5cm幅に切る。

3 フライパンに油を熱して豚肉を入れ、ほぐすようにしていため、豚肉の脂がよく出たら、多いようであればふきとる。もやしを加えて強火でさっといためる。カレー粉を振っていため、酒、しょうゆで調味していため合わせる。

もやしはひげ根をとり、サラダスピナーで水けをきる。
このひと手間で口当たりがぐんとアップ、シャキシャキの仕上がりに。

豚肉ともやしのカレーじょうゆいため

豚肉とゴーヤーのチャンプルー

材料は豚バラ、ゴーヤー、玉ねぎだけ。卵も入れません。
削り節をたっぷりかけて、ゴーヤーの苦みを味わいます。

材料（1人分）

豚バラ薄切り肉…80g
ゴーヤー…小½本
玉ねぎ…小½個（50g）
酒…大さじ1
塩…小さじ⅓
こしょう…少々
ごま油…小さじ1
削り節…½袋

1 ゴーヤーは縦半分に切り、スプーンで種、わたをとり、３㎜厚さに切る。玉ねぎは縦薄切りにする。

2 豚肉は３㎝幅に切る。

3 フライパンにごま油を熱して豚肉を入れ、ほぐすようにしていためる。肉の色が変わったら（脂が多いようであれば、ふきとる）、ゴーヤー、玉ねぎを加えて少ししんなりするまでいため、酒を振り、塩、こしょうで調味していため合わせる。器に盛り、削り節をのせる。

豚肉のコールスローサラダ巻き焼き

マヨネーズであえたキャベツと
カリッと焼けた豚肉との
コラボを楽しんで

材料（1人分）

豚バラ薄切り肉…100g（5枚ぐらい）
キャベツのせん切り…120g
マヨネーズ…大さじ1½
塩…適量
こしょう…少々
あらびき黒こしょう…少々

1 キャベツはボウルに入れて、マヨネーズ、塩少々、こしょうであえる。

2 豚肉は長さを半分に切って、まないたに縦に2枚、間隔をあけて並べる。

3 **2**の豚肉の手前にキャベツを等分にのせ、手前から巻き込む。耐熱の器に並べ、塩少々、あらびき黒こしょうを振る。

4 オーブントースターに**3**を入れて12〜15分ほど焼く。

コールスローサラダをのせ、手前から巻く。

巻いてトースターで焼くだけですが、
ご馳走感のある一皿。
とり出すときはやけどに気をつけて。

豚しゃぶと大根のサラダ

薄切り大根はスライサーを使えば手間いらず。
さっぱりとしていて、たんぱく質がたっぷりとれるサラダです。

材料（1人分）

豚バラ肉（しゃぶしゃぶ用）
…100g
大根…80g
水菜…40g
ごま油…大さじ1
塩…小さじ⅓
こしょう…少々
しょうがの皮、ねぎの青い部分
…各少々
酒（または白ワイン）…大さじ1

1 なべにしょうがの皮、ねぎの青い部分、水適量を入れて火にかけ、沸いてきたら酒を加えて豚肉を加える。ほぐしながら火を通してとり出し、冷ます。

2 大根は皮をむいてスライサーで薄い輪切りにし、冷水にさらしてパリッとさせ、サラダスピナーで水けをきる。

3 水菜は3㎝長さに切り、冷水にさらしてパリッとしたらサラダスピナーで水けをきる。

4 豚肉を食べやすい大きさに切り、ボウルに入れてごま油を振りまぜて、塩、こしょうで調味する。

5 器に大根、水菜を敷き、豚肉をのせる。全体をまぜて食べる。

豚バラ肉のカリカリいためのせ

アボカドにカリッカリに焼いた豚肉をたっぷりトッピング。
塩とレモンのシンプルな味つけで食材のおいしさを存分に味わえます。

材料（1人分）

豚バラ肉（しゃぶしゃぶ用）
…100g
アボカド…小１個（160g）
玉ねぎ…¼個（40g）
レモン汁…少々
白ワイン…大さじ１
塩…小さじ⅓
こしょう…少々
油…少々
あらびき黒こしょう…少々
レモンのくし形切り…１切れ

1 アボカドは縦に切り込みを入れ、ひねるようにして２つに分け、種をとり、皮をむく。１㎝厚さに切ってレモン汁を振る。

2 玉ねぎは縦薄切りにして冷水にさらし、パリッとしたらサラダスピナーで水けをきる。

3 器にアボカドを敷き、玉ねぎを散らす。

4 豚肉は５～６㎝幅に切る。フライパンに油を熱して豚肉を入れ、弱火でゆっくりカリカリになるまでいためる。余分な脂をふきとり、白ワインを振り、塩、こしょうで調味する。豚肉を**3**にのせ、あらびき黒こしょうを振り、レモンを添える。

ひき肉で

あっさりした味わいの鶏、うまみのある豚、存在感のある合いびき。それぞれの特徴を生かしたひき肉レシピをご紹介。1人分ずつ冷凍しておけば、いつでも作れます。

材料（1人分）

鶏ひき肉…80g

枝豆（冷凍）…120g（正味70g）

A
- ねぎのみじん切り…大さじ1
- しょうがのしぼり汁…少々
- 酒…大さじ1
- 塩…小さじ¼
- こしょう…少々
- 水…大さじ1

かたくり粉…小さじ1

油…小さじ1

1 枝豆は水でもどして、さやから出し、水けをふいてボウルに入れる。

2 別のボウルにひき肉を入れ、**A**を加えて手でよくまぜる。

3 **1**の枝豆にかたくり粉を振り入れてまぜる。**2**に加えてよくまぜる。

4 水でぬらした手で、**3**を小判形に形づくる。

5 フライパンに油を熱し、**4**を入れて2～3分、色よく焼き、ふたをして弱火で3分蒸し焼きにする。上下を返して同じように焼く。食べやすく切り、器に盛る。

枝豆に粉をまぶすと豆とひき肉がまとまりやすい。

大きく1つに形づくってフライパンで焼くだけ。

鶏ひき肉の枝豆寄せ焼き

枝豆たっぷり。
塩味のきいた寄せ焼きは
ビールのおつまみにも

たんぱく質にビタミン、ミネラル、
食物繊維も豊富な枝豆。冷凍品を使えば
簡単。つけ合わせいらずの一品です。

とうがんのそぼろ煮

あっさりした味わいのとうがんには、あっさり味の鶏ひき肉を合わせて。
仕上げにほんの少しのせた梅干しが味を引き締め、おいしさアップ。

材料（1人分）

鶏ひき肉（胸・皮なし）…80g
とうがん…300g（正味250g）
酒…大さじ1
塩…小さじ½
油…小さじ1
梅干しの果肉…少々

1 とうがんはスプーンで種とわたをとり、ピーラーで皮をむき、3㎝角ぐらいに切る。

2 フライパンに油を熱してひき肉を入れ、ほぐすようにしていためる。肉の色が変わったら、酒を振り、水1½カップを加える。煮立ってきたら火を弱めてアクをとる。

3 とうがんを加えてまぜ、塩を加えてふたをし、弱火で15〜20分ほど、とうがんがやわらかくなるまで煮る。

4 器に盛り、梅干しをのせる。

油揚げのひき肉詰め煮

材料（1人分）

鶏ひき肉…100g
油揚げ…１枚
小松菜…80g

A
- ねぎのみじん切り…大さじ２
- しょうがのしぼり汁…少々
- 酒…大さじ½
- しょうゆ…小さじ½
- かたくり粉…小さじ１
- 水…大さじ１～２

B
- みりん…大さじ１
- 砂糖…小さじ１
- しょうゆ…大さじ⅔

1 ボウルにひき肉を入れて、**A**を加え、手で粘りが出るまでよくまぜ、２等分する。

2 油揚げは長さを半分に切り、袋状にして**1**を詰めて平らにする。

3 小松菜は３～４㎝長さに切る。

4 フライパンに水½カップと**B**を入れて煮立て、**2**を入れる。途中上下を返しながら、ふたをして弱火で10分ほど煮たら小松菜を加えて、しんなりするまで２～３分煮る。

5 油揚げは半分に切って器に盛り、小松菜を添える。

ふっくら仕上げるポイントは、たねにまぜた水。
淡泊な鶏ひき肉に油揚げがコクをプラス。ボリュームも栄養も満点。

材料（1人分）
鶏ひき肉…100g
れんこん…100g
酒…大さじ1
塩…少々
油…大さじ$\frac{2}{3}$
ポン酢しょうゆ…適量

1 れんこんはピーラーで皮をむき、1cmほどの厚さの輪切りにしてビニール袋に入れ、めん棒などで全体が1cm角ぐらいになるようにたたく。

2 ボウルにひき肉を入れて酒と塩を加え、手で粘りが出るまでよくまぜる。

3 **1**のれんこんを加えてまぜ、4〜5等分し、水でぬらした手で小判形に形づくる。

4 フライパンに油を熱して**3**を入れ、2分ほど焼き、上下を返して同じように焼き、ふたをして2分ほど蒸し焼きにする。器に盛り、ポン酢しょうゆを添える。

あらく砕いたれんこんが、ごろごろ入ったつくね。
シャキシャキしたれんこんの食感とほのかな甘みを楽しみます。

たたきれんこん入り鶏のつくね

ピーマンの肉詰め煮

まるごとのピーマンに肉だねをしぼり入れます。蒸し煮にした肉詰めは、
ふんわりやわらか。ピーマン3個がペロリと食べられます。

材料（1人分）

合いびき肉…100g
ピーマン…小3個
玉ねぎのみじん切り…大さじ2
パン粉…大さじ2

A 塩、こしょう、
ナツメグ（パウダー）…各少々

B トマトケチャップ
…大さじ2
しょうゆ…小さじ1
塩、こしょう…各少々

油…大さじ½

1 ピーマンは包丁の先でへたの周りに切り込みを入れ、へた、種をとる。

2 ボウルにひき肉、玉ねぎを入れてパン粉、水大さじ1を加えてパン粉がしんなりしたら、**A**を加えて手でよくまぜる。ホイップクリーム用のしぼり袋に入れて口を切り、**1**のピーマンのへたの位置から等分にしぼり入れる。

3 フライパンに油を熱してピーマンを入れ、転がしながら全体を焼きつけ、水½カップを注ぎ入れ、煮立ってきたら、**B**を加えてまぜる。ふたをして、途中上下を返しながら弱火で10分ほど煮る。

新玉ねぎと豚ひき肉のクリーム煮

みずみずしくて独特の甘みがある新玉ねぎ。出回る季節には、
ぜひとも作りたい煮物。洋風ですが、ごはんにも合います。

材料（1人分）

豚ひき肉…100g
新玉ねぎ… 1個(150g)
牛乳…½カップ
白ワイン…大さじ1
塩…小さじ⅓
こしょう…少々
油…小さじ1
あらびき黒こしょう…少々

1 玉ねぎは上下を少し切り落とし、下⅓を残して、放射状に縦6等分の切り込みを入れる。

2 フライパンに油を熱してひき肉を入れ、ほぐすようにしていためる。肉の色が変わったら白ワインを振り、水½カップを加える。煮立ってきたら、塩、こしょうで調味して玉ねぎを加える。ふたをして弱火で15分ほど、玉ねぎがやわらかくなるまで煮る。牛乳を加え、再び煮立ってきたら火を止める。器に玉ねぎを盛り、煮汁を注ぎ、あらびき黒こしょうを振る。

合いびき肉とズッキーニのナンプラーいため

ナンプラー味のエスニック風いため物には、合いびき肉がおすすめ。
ズッキーニをスライサーでせん切りにして、たっぷり使います。

材料（1人分）

合いびき肉…100g
ズッキーニ…小１本（150g）
にんにくのみじん切り…少々
赤とうがらし…½本
酒…大さじ½
ナンプラー…小さじ２
レモン汁…大さじ½
ごま油…小さじ１

1 ズッキーニはスライサーで太めのせん切りにする。赤とうがらしは種を除く。

2 フライパンにごま油を熱してひき肉を入れ、ほぐすようにしていためる。肉の色が変わったら、にんにく、赤とうがらしを加えていため、さらにズッキーニを加えてさっといためる。酒を振り、ナンプラー、レモン汁で調味していため合わせる。

塩鮭で

塩鮭（甘塩）は焼いて食べるだけでなく、洋風レシピにも使える便利食材。生鮭にくらべてくさみがなく、塩味がついているので調味も簡単です。

材料（1人分）

塩鮭（甘塩）… 1切れ
グリーンアスパラガス… 3本（100g）
玉ねぎ…¼個（40g）
スパゲッティ…80g
小麦粉…大さじ1
バター…大さじ½
白ワイン…大さじ1
生クリーム…大さじ4
塩、こしょう…各少々
オリーブ油…大さじ½
あらびき黒こしょう…少々

1 アスパラガスはピーラーで根元から½のところまで皮をむき、2cm厚さの斜め切りにする。玉ねぎは縦に1cm厚さに切る。

2 塩鮭は中骨、腹骨をそぎとり、長さを半分に切り、1cm厚さのそぎ切りにする。

3 フライパンに油を熱し、塩鮭に小麦粉を振りまぶして入れ、切り口を下にして両面を焼きつけ、とり出す。

4 フライパンにバターをとかし、玉ねぎを入れてしんなりするまでいためる。塩鮭を戻し入れて白ワインを振り、ひと煮して生クリームを加えて弱火であたため、火を止める。

5 スパゲッティは塩大さじ1（分量外）を入れたたっぷりの湯でゆで、袋に表示されたゆで時間の1〜2分前にアスパラガスを加えてゆで、ともにざるに上げる。**4**に加えてからめ、塩、こしょうで味をととのえる。器に盛り、あらびき黒こしょうを振る。

粉を振って焼くことでとろみもつけられる。

アスパラはパスタと一緒にさっとゆでる。

塩鮭とアスパラガスのクリームパスタ

アスパラはパスタと
一緒にゆでるので手間なし。
鮭のほどよい塩味が美味！

鮭は粉を振って焼くことで
ふっくらやわらかい仕上がりに。
アスパラはキャベツにかえてもOK。

塩鮭の
アクアパッツァ風

材料（1人分）

塩鮭（甘塩）… 1切れ
しめじ…80g
ミニトマト… 4個
にんにく…小1かけ
白ワイン…大さじ2
パセリのみじん切り…大さじ1
生バジル…適量
塩、こしょう…各少々
オリーブ油…大さじ2

1 しめじは根元を少し切り、小房に分ける。にんにくは縦半分に切り、包丁の腹でつぶす。

2 フライパンに油、にんにくを入れ、弱火でゆっくり熱し、香りが立ったら塩鮭を加えて両面を中火で焼きつける。あいたところにしめじを加えてさっといため合わせ、白ワイン、パセリを振り入れ、ミニトマトを散らし入れる。ふたをして弱火で8～10分ほど蒸し焼きにし、バジルを加え、塩、こしょうで味をととのえる。

アクアパッツァも塩鮭があればフライパン一つで簡単に作れます。
きのこをたっぷり入れて。パンでもごはんでもおいしい。

塩鮭ときのこのにんにくソテー

骨の健康に必要なビタミンDが豊富な鮭ときのこ。
レモンとパセリでビタミンCもとれます。

材料（1人分）

塩鮭（甘塩）… 1切れ
エリンギ…大1本（60g）
ホワイトマッシュルーム…40g
にんにく…小1かけ
パセリのみじん切り…大さじ1
白ワイン…大さじ1
塩、こしょう…各少々
オリーブ油…大さじ2
レモン…適量

1 塩鮭は中骨、腹骨をそぎとり、6等分ぐらいのそぎ切りにする。

2 エリンギは長さを3等分、縦4等分に切る。マッシュルームは石づきを少し切り、縦4等分に切る。にんにくは横薄切りにする。

3 フライパンに油、にんにくを入れて弱火で熱し、香りが立ったら塩鮭を加えて中火で両面を焼きつけ、エリンギ、マッシュルームを加えてしんなりするまでいためる。白ワインを振り、パセリを振り入れ、塩、こしょうで調味していため合わせる。器に盛り、レモンを添える。好みで、あらびき赤とうがらしを振る。

塩鮭とレタスのチャーハン

材料（1人分）

塩鮭（甘塩）… 1切れ
あたたかいごはん…160〜200g
レタス…80g
ねぎ… 5㎝
酒…大さじ½
塩、こしょう…各少々
いり白ごま…小さじ½
ごま油…大さじ1

1 塩鮭は中骨、腹骨をそぎとり、1〜1.5㎝角に切る。

2 レタスは5〜6㎝大に切る。ねぎは5㎜大ぐらいにあらく刻む。

3 フライパンにごま油を熱し、塩鮭を入れていため、表面の色が変わったらねぎ、ごはんを加える。軽く押さえるようにしてほぐしながらいため、レタスを加える。レタスがしんなりしたら酒を振り、塩、こしょうで調味しいため合わせる。ごまを振ってまぜる。

鮭は1〜1.5㎝角に切る。

コロコロに切った
鮭の存在感！
ごま油のいい香りが食欲をそそる

鮭1切れにレタスをたっぷり入れて、
彩りもキレイなチャーハン。
冷凍ごはんを活用しても。

塩鮭とカリフラワーのクリーム煮

小麦粉とバターで作るブールマニエを加えるだけで、コクのある
とろりとしたクリーム煮が手軽に作れます。じゃがいもで作っても。

材料（1人分）

塩鮭(甘塩)… 1切れ
カリフラワー…100g
玉ねぎ…小½個(50g)
バター…大さじ1⅔
白ワイン…大さじ1
牛乳…⅔カップ
塩…小さじ⅕
こしょう…少々
小麦粉…大さじ⅔

1 塩鮭は中骨、腹骨をそぎとり、6等分ぐらいのそぎ切りにする。

2 カリフラワーは小房に分けてから大きなものは縦半分に切る。玉ねぎは縦1㎝厚さに切る。バター大さじ⅔は室温にもどす。

3 フライパンに残りのバターをとかし、玉ねぎを入れてしんなりするまでいためる。カリフラワー、塩鮭を加えてさっといため、白ワインを振り、水½カップを加える。煮立ってきたら、塩、こしょうを加え、火を弱めてふたをしてカリフラワーがやわらかくなるまで弱火で4〜5分煮る。

4 小さいボウルに**2**のバター、小麦粉を入れて、バターを練るようにまぜ合わせる(ブールマニエ)。

5 **3**に牛乳を加えてまぜ、**4**のブールマニエを加えてとかし、とろみをつける。

塩鮭とじゃがいもの和風汁物

シンプルな材料、シンプルな味つけの汁物は、おろししょうがをきかせて。
体が芯からあたたまり、おなかもいっぱいに。

材料（1人分）

塩鮭（甘塩）… 1切れ
じゃがいも… 1個
しいたけ… 2個
だし…1½カップ
酒…大さじ1
塩…小さじ⅕
わけぎの小口切り…少々
おろししょうが…適量

1 塩鮭は中骨、腹骨をそぎとり、6等分ぐらいのそぎ切りにする。

2 じゃがいもは皮をむき、2cm厚さのいちょう切りにする。水に10分ほどさらし、水けをきる。しいたけは石づきを切り落とし、軸ごと縦に十文字に切る。

3 なべに塩鮭、野菜、だしを入れ、火にかける。煮立ってきたら火を弱めてアクを除き、酒を振り、ふたをして弱火で8～10分ほど、じゃがいもがやわらかくなるまで煮る。塩で調味してわけぎを加えてひと煮し、器に盛り、しょうがをのせる。

野菜活用術

トマト

濃厚なトマトはだしいらず！
スープとして飲んでも

そうめんのトマトつゆ

トマトはまるごと冷凍。真空パックで劣化を防ぎます。

材料（2人分）

そうめん…150〜200g
トマト（完熟・冷凍）
…3個（正味250g）
しょうゆ…大さじ1
塩…小さじ½
青じそ…8枚
みょうが…適量

※あらびき黒こしょうを振っても。

1 トマトは自然半解凍して、横半分に切る。

2 ボウルに万能こし器をのせ、トマトの切り口を下にしておき、手で押さえるようにしてこし、種、皮を除く。

3 小なべに**2**のトマトを入れ、しょうゆ、塩で調味して水大さじ3を加えてまぜ、火にかける。煮立ってきたら弱火で2〜3分煮る。火からおろし冷めたら冷蔵室で冷やす。

4 青じそは縦半分に切り、せん切りにする。みょうがは縦半分に切り、小口切りにする。

5 **3**を器に入れて薬味をのせ、ゆでて冷水で洗い、水をきって器に盛ったそうめんに添える。

冷凍して煮込み料理にも、スープやそうめんつゆにも

トマトを複数個買ったときは、その日使う分以外は追熟させてから、まるごと冷凍することが多いです。一般的なトマトの水煮缶は1人分には多いので冷凍トマトがあると、カレーやシチュー、スープ作りに便利です。皮は冷凍のまま水につけるとツルンとむけるのも使いやすいところ。

私は真空パックの機械を使い冷凍していますが、ラップで1個ずつ包んで、冷凍用保存袋に入れて冷凍してもOK。トマトつゆはそうめんによくからみ、心地よいのど越し。よく冷やして召し上がれ。

Part 3

卵大好き！
栄養満点で
主役も脇役もこなす、
万能食材

卵があれば、何かしら、
おいしい料理が作れる。
頼もしい存在です。

おいしくて
アレンジのきく卵は、
ほぼ毎日、2個は食べます！

卵は良質なたんぱく質が豊富でミネラルやビタミンも含まれ、完全栄養食ともいわれています。保存がきくのもいいところ。ここ数年、値上がりしていますが、それでも栄養価や使いやすさを考えたら、日常の食卓に欠かせない食材です。

なにより料理のバリエーションがたくさんある卵が、私は大好き。1週間に10個くらい食べています。一つの料理に1個ではもの足りなく2個は使います。白いごはんに卵焼きで晩ごはん、ということも。食欲がないときには卵のおじやにしたり、フレンチトーストにしたり。70代のたんぱく質補給には貴重な食材です。

材料（1人分）

卵…２個
たらこ…¼腹（縦に切ったもの）
だし…大さじ１～２
塩…少々
油…適量

1 ボウルに卵を割りほぐし、だし、塩を加えてまぜる。

2 卵焼き器に油を薄く塗って熱し、卵液を⅓量ほど流し入れる。菜箸で軽くまぜ、半熟状になったら、奥にたらこを横におき、菜箸を使って巻き込んで焼く。焼いた卵を卵焼き器の奥にずらし、あいたところに油を塗り、残りの卵液の½量を流し入れる。半熟状になったら奥から巻き込む。残りも同じように焼き、とり出して食べやすく切る。

卵が半熟状になったら奥にたらこをおき、菜箸で巻き込んでいく。へらを使っても。

卵２個分ほどが焼ける小さな卵焼き器があると便利。

たらこ巻き卵焼き

あるもので握ったおにぎり、
白菜の浅漬け。
ワクワクする食卓に

冷めてもおいしいのが卵焼きの
いいところです。しらすやわかめ、
ちぎったのりなどを入れて焼いても。

ブロッコリーと半熟卵のサラダ

卵は割れないように室温にもどしてからゆでます。
ビタミンと食物繊維豊富なブロッコリーで栄養満点サラダに。

材料（1人分）

卵…２個
ブロッコリー…120g
マヨネーズ…大さじ１
フレンチドレッシング※
…大さじ１

※フレンチドレッシング
（作りやすい分量）
ボウルに塩小さじ1、こしょう少々、白ワインビネガー$\frac{1}{3}$カップを入れて泡立て器でまぜ、オリーブ油$\frac{2}{3}$カップを加えてよくまぜる。

1 卵は室温にもどす。小なべに熱湯を沸かし、卵１個をスプーンにのせて静かに入れ、残りも同じように入れて、７分ほどゆでる。氷水または冷水にとって、完全に冷めるまでおく。（ブロッコリーをゆでたあとの湯でゆでてもOK）

2 ブロッコリーは小房に切り分けて、大きなものは縦半分に切る。

3 塩適量（分量外）を入れた熱湯に **2** を入れ、30秒～１分ほどゆで、冷水にとって冷まし、サラダスピナーで水けをきる。

4 ボウルにマヨネーズ、ドレッシングを入れてまぜる。

5 ゆで卵は殻をむいて手で食べやすく割る。

6 **4** にブロッコリーを入れてあえ、器に盛り、**5** の卵をのせ、残りのソースをかける。

いり卵ときくらげのいため物

卵を戻し入れたら、ささっといため合わせましょう。
ぷるぷるしたきくらげの食感とふんわり卵。ごはんが進みます。

材料（1人分）

卵… 2個
きくらげ（乾燥・水でもどす）
…30g
ねぎ… 5㎝
酒…大さじ½
塩、こしょう…各適量
油…大さじ1

1 きくらげはかたい部分を除き、食べやすい大きさに切る。ねぎは5㎜厚さの輪切りにする。

2 ボウルに卵を割りほぐし、塩、こしょう各少々を振る。

3 フライパンに油小さじ2を熱し、卵液を一度に流し入れる。強火で半熟っぽくなってきたら、大きくかきまぜていため、とり出す。

4 フライパンに残りの油を熱して、きくらげ、ねぎを入れて弱めの中火でしんなりするまでいためる。卵を戻し入れて酒を振り、塩、こしょう各少々で調味し、いため合わせる。

キャベツ入り かに玉

かにかまを使うので正確には「かに玉風」。あんはかけません。
ごはんにのせて、あんなし天津飯風にしても。

材料（1人分）

卵… 2個
かに風味かまぼこ…30g
キャベツ…30g
しいたけ… 2個
ねぎ… 3㎝
酒…大さじ½
塩、こしょう…各適量
油…小さじ1
ごま油…大さじ⅔

1 かにかまはほぐす。

2 キャベツは4～5㎜幅に切る。しいたけは軸を切り、薄切りにする。ねぎは3㎜厚さの斜め薄切りにする。

3 少し大きめのボウルに卵を割りほぐし、酒と塩、こしょう各少々を加えまぜる。

4 フライパンに油を熱し、キャベツ、しいたけを入れていためる。しんなりしたらねぎ、かにかまを加えてさっといため、塩、こしょう各少々を振って**3**に加えてまぜる。

5 フライパンにごま油を熱し、**4**の卵液を一度に流し入れて半熟状になるまでまぜる。ふたをして2分ほど焼き、卵をフライ返しで2～3等分して上下を返し、中火で2分ほど焼く。

スクランブルエッグのオープンサンド

材料（1人分）

卵… 2個
小さめの黒パン（1cm厚さ）
　… 3切れ
ゆでたブロッコリー… 2房
マヨネーズ…大さじ1
塩、こしょう…各少々
バター…大さじ1
パプリカパウダー…適量

1　ボウルに卵を割りほぐし、マヨネーズ、塩、こしょうを加えてまぜる。

2　ブロッコリーは縦8mm厚さに切る。

3　フライパンにバターをとかし、**1**の卵液を一度に流し入れ、木べらでまぜながら、とろりとするまで火を通す。

4　パンにブロッコリー、スクランブルエッグを等分にのせ、パプリカパウダー少々をそれぞれに振る。

とき卵にマヨネーズを加えると、ふんわりなめらかな仕上がりに。
好きでよく買っている少し酸味のある黒パンにのせました。

しらす干し入り卵おじや

材料（1人分）

卵…1個
しらす干し…15g
ごはん…120g
だし…1⅔カップ
酒…大さじ½
塩…少々
糸三つ葉…少々

1 なべにだしを煮立て、ごはんを加えてほぐし、ふたをして5～6分、ごはんがやわらかくなるまで煮る。

2 三つ葉は葉を摘み、茎はこまかく切る。

3 ボウルに卵を割り入れてほぐす。

4 **1**にしらす干しを加えて酒を振り、塩を加え、1～2分煮たらとき卵を流し入れて、半熟状になるまで煮る。器に盛り、三つ葉の茎を散らし、葉をのせる。

あまり食欲がないとき、元気がないときにもおすすめです。胃にやさしいおじや。冷凍しておいたごはんを使っても。

フレンチトースト

卵液には甘みをつけません。焼き上がりに好みのジャムやはちみつ、メイプルシロップなどをつけて。フランスパンで作っても。

材料（1人分）

卵…１個
牛乳…½カップ
食パン（厚め）…１枚
バター…大さじ⅔
サワークリーム、好みのジャム
…各適量

1 ボウルに卵を割りほぐし、牛乳を加えてよくまぜる。

2 バットなどにパンを入れて、上から**1**の卵液を注ぐ。途中、上下を返しながら30分ほどおき、卵液をじゅうぶん吸収させる。

3 フライパンを熱してバターの½量を入れてとかし、**2**のパンを入れて色よく焼く。上下を返したら残りのバターを加え、パンの下に流し入れて同様に色よく焼く。器に盛り、サワークリーム、ジャムをのせる。

野菜活用術

白菜

こぶとゆずのやさしい味。
添加物の心配もありません

白菜の浅漬け

保存袋に材料を入れるだけで、おいしい漬物が完成。

白菜を食べる分だけとり出して、3cm長さに切って器に盛り、せん切りにしたこぶをのせます。

材料（2食分）

白菜…１カット（500g）
塩…10g（白菜の重量の2％）
だしこぶ（5cm大）…１枚
赤とうがらし…１本
ゆず…¼個

1 白菜は長さを半分に切り、根元の部分は芯をつけたまま縦３等分に切り、葉先は縦半分に切る。

2 こぶは縦半分に切る。赤とうがらしは半分に切り、種をとる。ゆずは皮つきのまま５mm厚さのいちょう切りにする。

3 ジッパーつきの保存袋に白菜を入れて塩を振り、全体がまざるように袋の外からもむようにしてまぜ、**2**を加える。袋の空気を抜き、密封してバットにのせて、冷蔵室に入れて２〜３日おく。

簡単に作れる自家製浅漬け。サラダ感覚で食べられます

おなべには欠かせない白菜。でもひとりなべでは余ってしまうことも。白菜をたくさん使うレシピもありますが（28ページ）、余ってしまったら浅漬けにしましょう。だしこぶととうがらし、塩をプラスし、ゆずはなければ入れなくてもOK。ジッパーつきの保存袋に入れて、袋の外からもんでおくだけ。シンプルな材料で簡単においしい浅漬けができ上がります。

塩は白菜の重さの2％が基準。市販の白菜漬けにくらべて薄塩味なので、サラダ感覚でパクパク食べられます。

Part

4

おいしくて手間いらず！70代からの厳選・電子レンジ活用レシピ

電子レンジを使って、手早くできておいしいレシピ、考えました。

電子レンジのメリットを生かした、簡単でおいしいレシピです

電子レンジは再加熱など、限られた使い方しかしてきませんでした。でも、火を使わず、なべや調理用具などの洗い物が少なくなるなど、70代にとって電子レンジは便利で頼もしい存在になるかもしれない、と思ったのです。

電子レンジを使い、おいしくて、テーブルに出せる食器を使い、一回の調理で完成できるレシピを、と考え試行錯誤しました。食材のうまみがじゅうぶんに出にくいのがレンジ調理の難点であり、野菜も熱の通りが悪いものがあるので、食材選びや切り方に工夫が必要、と気づきました。そして生まれたのがチンジャオロースーやレンジ蒸しなどのレシピです。お使いの電子レンジによって加熱時間の調整が必要かもしれませんが、ぜひ、お試しを。

電子レンジは蒸しなすを作る際など
シンプルな使い方をしてきました。
70代ならではの使い方をしたい。

電子レンジ向きの食器なら、そのまま食卓へも

金銀を使っていないシンプルな陶磁器であれば、電子レンジで調理してそのまま食卓へ。なべなどの洗い物も少なくなります。1人分の調理なので、それほど大きな器は必要ありませんが、少し深めの器が向いています。調理後は器も熱くなるので、とり出すときはやけどに注意を。少し大きめのお皿を用意してのせて、食卓へ。

おいしいレンチンレシピのPOINT

下味をしっかりつけると味がぼやけない

電子レンジ調理では、じか火調理のように調理の途中や最後に調味料を加えて味をつける方法ではなく、最初に下味を食材にしっかりつけるのがおいしく仕上げるポイントです。チンジャオロースーもさばのみそ煮も、下味をしっかりつけ、少し時間をおいてから調理することで、味がぼやけません。

レンチンでおいしく食べられる食材を選ぶ

牛肉も豚肉も熱が通りやすい薄切り肉がおすすめです。豚肉はうまみのある豚バラを。ひき肉は鶏でも豚でも合いびきでも。鮭やさば、白身魚などの切り身も熱が通りやすい。野菜は水分が多いなすやじゃがいも、きのこなどを。葉野菜は下ごしらえのいらない小松菜や水菜、キャベツなどで。水分の多いとうふも使いやすい食材です。

食材によって加熱しやすい切り方を工夫する

チンジャオロースーのピーマンは縦に切ることが多いのですが、電子レンジ調理では繊維を断つように横に細く切ると熱が通りやすく、口当たりのよい仕上がりになります。にんじんや大根などは、ピーラーを使って薄くリボン状にすると熱が通りやすく、食べやすいです。

追加加熱は10秒ずつ。時間をおくとおいしくなるレシピも

お使いの電子レンジによって加熱状態が異なるので、まだ熱が通っていないかな、と思ったら、10秒ずつ再加熱をして様子を見てください。また、さばのみそ煮はできたてを食べてもいいのですが、冷ましてもう一度加熱すると味がしみてさらにおいしくなります。午前中に作っておいて、夕飯に食べるのもおすすめです。

チンジャオロースー

フライパンいらず。材料を切ってまぜてレンチンするだけで完成！

材料（1人分）

牛切り落とし肉…80g
ピーマン…3個（正味100g）
ねぎ…5cm
にんにくの薄切り…3〜4枚

A
しょうゆ…大さじ$\frac{2}{3}$〜1
酒…小さじ1
ごま油…小さじ1
こしょう…少々
かたくり粉…小さじ1

1 ピーマンは縦半分に切り、へた、種を除き、横2〜3mm幅に切る。ねぎは縦半分に切り、4mm厚さの斜め切りにする。

2 牛肉は大きなものは2〜3cm幅に切る。

3 大きめのボウルに牛肉を入れ、にんにくと**A**を加えてよくまぜ、5分ほどおく。

4 ピーマン、ねぎを加えてまぜ、耐熱の皿に広げるようにしてのせ、ラップをふんわりとかける。電子レンジ（600W）で3分ほど加熱してとり出し、全体をまぜる。

ピーマンは縦ではなく横に細く切る。

牛肉にしっかり下味をつける。

材料をよくまぜ、5分ほどおく。

材料も調味料も作り方もシンプル。
最後にまぜるので耐熱皿を使いましたが、
食卓にそのまま出せる器を使って作っても。

さばのみそ煮

キャベツと玉ねぎを敷いて野菜をちょっとプラス。
レンジ調理だと部屋中が魚くさくならないのもメリットです。

材料（1人分）

さばの切り身…１切れ
玉ねぎ（１cm厚さの半月切り）
…２切れ
キャベツ…½枚（20g）
みそ…大さじ1½
A
酒…大さじ１
みりん…大さじ１
砂糖…小さじ１
おろししょうが
…小さじ½

1 さばは水で洗い、水けをふき、皮目に格子状の切り目を入れる。

2 キャベツは３〜４cm大に切る。

3 ボウルにみそを入れて、**A**を加えてまぜ、さばを加えてからめる。

4 耐熱の器に玉ねぎを敷き、キャベツ、さばをのせ、ラップをふんわりとかけ、電子レンジ（600W）で３分ほど加熱する。

みそをしっかりからませる。

白身魚のかぶら蒸し風

材料（1人分）

白身魚の切り身（たい、たらなど）
…1切れ
かぶ…大1個（80g）
しめじ…60g
かぶの葉…30g
にんじん…20g
酒…小さじ1
塩…少々
A かたくり粉…小さじ1
　塩…小さじ1/6〜1/5
おろしわさび…少々

1 白身魚は骨を除き、3〜4等分のそぎ切りにする。ボウルに入れて酒、塩を振ってまぜ、下味をつける。

2 しめじは根元を切り落としてほぐす。かぶの葉は3〜4cm長さに切る。にんじんはピーラーでリボン状にする。

3 かぶは皮をむいてすりおろし、ボウルに入れて**A**を加えてまぜる。

4 汁けをきった白身魚、しめじ、かぶの葉、にんじんを耐熱の器に盛り、全体に**3**をかける。ラップをふんわりとかけ、電子レンジ（600W）で3分ほど加熱する。わさびをのせる。

かぶら蒸しもレンチンで簡単にできます。すりおろしたかぶにかたくり粉と塩をまぜてからかけるのがポイントです。

豚肉の野菜巻き蒸し

やわらかいしゃぶしゃぶ用の豚ロース肉で野菜を巻きます。
野菜は火の通りやすい3種類。あっという間に完成。

材料（1人分）

豚ロース肉（しゃぶしゃぶ用）… 6枚（80g）
えのきだけ…40g
長いも…40g
豆苗…20g
みそ…大さじ1
酒…大さじ1

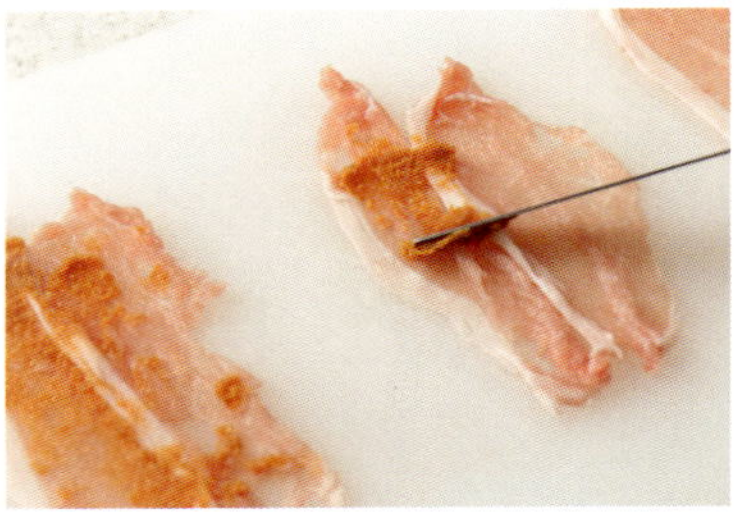

豚肉はまないたに2枚1組で広げて、みそを塗る。

1 豆苗は根元を切り落とし、7〜8㎝長さに切る。えのきだけは根元を切る。長いもは6〜7㎝長さの棒状に切る。

2 まないたに豚肉を2枚1組にして広げ、酒でといたみそを塗り、それぞれ手前に**1**の野菜をのせてくるりと巻く。

3 耐熱の皿に**2**を間隔をあけて並べ、ラップをふんわりとかけ、電子レンジ（600W）で1分30秒〜2分加熱する。とり出して半分に切る。

とうふと鶏ひき肉の蒸し物

やさしい味の蒸し物は食欲がないとき、風邪っぽいときなどにもおすすめ。ゆず皮がなければ、ポン酢しょうゆをかけても。

材料（1人分）

木綿どうふ…100g
鶏ひき肉…80g

A
- ねぎのみじん切り…大さじ2
- おろししょうが…少々
- 酒…大さじ1
- 塩…少々
- かたくり粉…小さじ1

ゆずの皮のすりおろし…少々
しょうゆ…適量

1 ボウルにとうふを入れてこまかく手でつぶし、ひき肉を加えてよくまぜる。**A**を加えてさらによくまぜ合わせる。

2 耐熱の器に**1**を入れて、ラップをふんわりとかけ、電子レンジ(600W)で2分30秒ほど加熱する。ゆずの皮を散らし、しょうゆをかける。

とうふとひき肉を手でよくまぜ合わせる。

鶏の梅干しそぼろ

水でもどさずに入れたひじきが水分を吸ってポロポロに。
そうめんにからめても、冷ややっこにのせても。

材料（作りやすい分量）

鶏ひき肉…100g
梅干し（塩分16%のもの）…１個
芽ひじき（乾燥）…大さじ２

A
ねぎのみじん切り…大さじ２
酒…大さじ１
しょうゆ…小さじ１
おろししょうが…少々
水…大さじ１

1 梅干しは種を除いてこまかくたたく。

2 耐熱のボウルにひき肉を入れ、**1**と**A**を加えてまぜる。

3 芽ひじきを加えてまぜ、ふんわりとラップをかけて電子レンジ（600W）で２分〜２分30秒加熱する。とり出してあら熱がとれたら、よくまぜる。

芽ひじきは水でもどさず、そのまま入れる。

野菜もたんぱく質もOK!
これ一つで心も体も大満足、
最強の一皿《ワンプレート》&最強のスープ

Part

5

今日はなに作ろう……
迷ったときにもおすすめ。
一品で満足できるレシピ。

シンプルな材料で作る一皿料理＆スープは栄養たっぷり！ランチでもディナーでも

主菜、副菜、汁物といった献立にとらわれると、食事作りがめんどうになることも。ワンプレート料理やどんぶり物、具だくさんのスープなど、一品でおなかがいっぱいになる食事は、ひとり暮らしに向いているのではと思います。相性のよいたんぱく質食材と野菜を組み合わせて作れば、自然と栄養バランスも整います。

私がよく作るのが焼きトマトとベーコンエッグののっけ丼。焼いたトマトがソースになり、おいしくて元気が出るワンプレートです。

「最強のスープ」は一品でも満足できますし、パンとごはん、どちらと食べてもおいしいレシピです。

材料（1人分）

トマト…１個（160g）
卵…１個
ベーコン…３〜４枚
キャベツ…80g
塩、こしょう…各適量
油…少々
A
レモン汁…大さじ1
塩…小さじ⅓
こしょう…少々
あたたかいごはん…160〜200g

1 トマトはへたを包丁の先でくりぬいて、横半分に切る。

2 キャベツはせん切りにして水にさらし、パリッとしたら、サラダスピナーで水けをきる。

3 ボウルに**A**を入れ、よくまぜ合わせる。

4 フライパンに油を熱してベーコンを入れ、弱火でゆっくりカリカリになるまで焼き、とり出す。フライパンの油の½量をとり出し、卵を割り入れて半熟状に焼き、塩、こしょう各少々を振り、とり出す。

5 **4**でとり出した油を戻し入れ、トマトを切り口を下にして入れ、火にかける。３分ほど焼き、上下を返して同じように焼き、塩、こしょう各少々を振る。

6 大きめの器にごはんを盛り、キャベツをのせ、ベーコン、トマト、目玉焼きをのせ、**3**のレモンソースをかける。

全体をくずし、混ぜて食べるので大きめの器で。

最強の一皿《ワンプレート》

焼きトマトとベーコンエッグのっけ丼

火を使わずに作れるタルタル丼、フライパンで手早く作れるドライカレー、ほっこりあたたかいうどん、ひんやり冷たい塩味のそばなど。ぜひ、新定番に。

ベーコン、卵、トマトの順に
焼いていくだけのシンプルさ。
さわやかなレモンの酸味と香りが隠し味に。

まぐろのタルタル丼

いつものまぐろがおしゃれな洋風どんぶりに。火を使わずに、
パパッと作れます。タルタルはパンやクラッカーにのせても。

材料（1人分）

まぐろ（刺し身用・赤身）…100g
玉ねぎ…小¼個（30g）
A パセリのみじん切り…大さじ2
オリーブ油…大さじ1
マヨネーズ…大さじ1
粒マスタード…大さじ1
塩…小さじ¼
こしょう…少々
ベビーリーフ…20g
あたたかいごはん…適量

1 まぐろは6～8㎜角に切る。

2 玉ねぎはみじん切りにし、ふきんに包んで水にさらし、水けをしぼる。

3 **1**に**A**、**2**の玉ねぎを入れてよくまぜ合わせる。

4 器にごはんを盛り、**3**をのせ、周りにベビーリーフを散らし、好みでカイエンペッパーを振る。

なす入りドライカレー

ミニトマトと大きめに切ったなすを入れたひき肉のカレー。
目玉焼きをのせて、ボリュームもたんぱく質もおいしさもアップ。

材料（1人分）

合いびき肉…100g
玉ねぎ…小½個（50g）
ミニトマト…4個
なす…2個
卵…1個
にんにくのみじん切り
…少々
カレー粉…大さじ⅔〜1
トマトケチャップ
…大さじ1
塩…小さじ⅓〜½
油…大さじ1⅓
あたたかいごはん…適量

1 玉ねぎはみじん切りにする。なすはへたを切り落として縦半分に切り、長さも半分に切る。ミニトマトはへたをとり、縦半分に切る。

2 フライパンに油大さじ½を熱し、なすの皮目を下にして入れ、ふたをして3分ほど焼き、返して同じようにやわらかくなるまで焼き、とり出す。

3 **2**のフライパンに油大さじ½を熱して玉ねぎ、にんにくを入れ、しんなりするまでいため、ひき肉を加えてほぐすようにしていためる。ひき肉がポロポロになったらカレー粉を振り入れていため、水1カップを加える。煮立ってきたら火を弱めてトマトケチャップ、塩で調味し、ふたをして弱火で7〜8分煮る。

4 ミニトマト、なすを加えてまぜ、さらに3分ほど煮る。

5 別のフライパンに残りの油を熱して卵を割り入れ、半熟状の目玉焼きを作る。

6 器にごはんとドライカレーを盛り、目玉焼きをのせる。

豚キムチ丼

ちょっとパンチがきいたものが食べたいな、というときはコレ。
にらはこまかく切ると食べやすく、歯にはさまりません！

材料（1人分）

豚バラ薄切り肉…100g
白菜キムチ…80g
にら…30g
きくらげ(生)…20g
酒…大さじ1
しょうゆ…小さじ1
ごま油…小さじ1
いり白ごま…小さじ1
あたたかいごはん…適量

1 豚肉は３cm幅に切る。

2 きくらげはかたい部分を除き、食べやすく切る。にらは５mm幅に切る。キムチは３cm長さに切る。

3 フライパンにごま油を熱して豚肉を入れ、ほぐすようにしていため、肉の色が変わったら、きくらげを加えてさっといためる。

4 キムチを加えていため合わせ、にらを加えてまぜ、酒を振り、しょうゆを加えてまぜ、ごまを加えてまぜる。

5 器にごはんを盛り、**4**をのせる。

薬味たっぷり くずしどうふ丼

つぶしたとうふにオクラとみょうが、青じそをたっぷり入れて。
暑くて食欲のない日やあっさりしたものが食べたいときにおすすめ。

材料（1人分）

木綿どうふ…100g
オクラ…４本
みょうが…２個
青じそ…４枚
A ごま油…大さじ１
　しょうゆ…小さじ１
　塩…小さじ1/3
削り節…１袋
切りごま…大さじ１
おろししょうが……少々
あたたかいごはん…適量

1 オクラは塩少々（分量外）でもみ、熱湯で30秒ほどゆでて冷水にとって冷まし、水けをふき、薄い小口切りにする。

2 みょうがは縦半分に切り、薄い小口切りにする。青じそは縦４等分に切ってから横にせん切りにする。

3 ボウルにとうふを入れてこまかくつぶし、**A**を加えまぜる。オクラ、みょうが、青じそ、削り節、ごまを加えてまぜる。

4 器にごはんを盛り、**3**をのせ、しょうがをのせる。

せん切り山いもと油揚げのせうどん

スライサーでせん切りにした長いものシャキトロッとした食感！
甘辛味の油揚げとの相性も抜群。うどんは冷凍品を使っても。

材料（1人分）

うどん（乾めん）…80g
長いも…100g
油揚げの甘辛煮※…½枚
だし…1½ カップ
A みりん…大さじ½
しょうゆ…小さじ1
塩…小さじ¼
わけぎ…２本
七味とうがらし…少々

1 だしを煮立て、**A**で調味し、火を止める。

2 長いもは皮をむいてスライサーで太めのせん切りにする。わけぎは薄い小口切りにする。

3 油揚げは食べやすく切る。

4 うどんは袋の表示どおりにゆでてざるに上げ、水で洗うようにしてしめ、水けをきり、**1**に加えて再び火にかけ、ひと煮立ちさせる。油揚げを加えてひと煮したら器に盛り、長いもをのせ、わけぎを散らし、七味とうがらしを振る。

※「油揚げの甘辛煮」（作りやすい分量）
油揚げ４枚は半分に切り、油抜きをして水けをきる。なべにだし1⅓カップを煮立て、みりん、砂糖、しょうゆ各大さじ２を加え、油揚げを加えて落としぶたをして弱火で10～15分、煮汁がなくなるまで煮る。冷凍保存できる。

材料（1人分）

田舎そば（乾めん）…80g
鶏もも肉…½枚（150g）

A
- 酒…大さじ1
- 塩…小さじ½
- ねぎの青い部分…適量
- しょうがの皮…½かけ分

ねぎ…12cm
しいたけ…3個
おろししょうが…小さじ1

1 鶏肉は室温にもどす。

2 なべに水2カップを煮立て、鶏肉を入れる。再び煮立ってきたらアクをていねいに除き、**A**を加えて弱火で20分ほどゆでる。火を止めてそのまま冷まし、ねぎ、しょうがの皮を除き、冷蔵室で冷やして浮いてくる白く固まった脂をとり除く。

3 ねぎは3cm長さに切る。しいたけは軸を切る。

4 フライパンを熱し、ねぎ、しいたけを入れて両面を焼く。火を止めてしいたけをとり出し、1cm厚さに切る。

5 **2**の鶏肉は8mm厚さに切る。

6 なべにたっぷりの湯を沸かし、そばを入れ袋の表示どおりにゆでてざるに上げる。冷水にとってよく洗い、氷水でしめ、水けをよくきる。

7 器にそばを盛り、しいたけ、鶏肉、ねぎをのせ、**2**のスープを注ぎ、しょうがをのせる。

鶏のだしがきいた塩味のスープは、暑さでぐったりするような日に。
スープは食べる前日に作って冷やしておくのがおすすめです。

冷やし鶏塩そば

フライパンで作れる具だくさんのスープ。その日の気分や体調で選べるような味のバリエーションを考えました。体も心もあたたまります。

かじきのピリ辛トマトスープ

ソテーや照り焼きなどで食べることの多いめかじきを、コロコロに切ってトマト味のスープに。卵を落としても。

材料（1人分）

めかじき…１切れ(80g)
玉ねぎ…¼個(40g)
ピーマン…１個
トマト(完熟)…１個
にんにくの薄切り…½かけ分
塩、こしょう…各少々
白ワイン…大さじ１
A 塩…小さじ¼
　こしょう…少々
　カイエンペッパー…少々
パセリのみじん切り…少々
オリーブ油…大さじ１

1 めかじきは１cm角に切り、塩、こしょうを振る。

2 玉ねぎは縦薄切りに、ピーマンは縦半分に切り、へたと種を除き横１cm幅に切る。

3 トマトは横半分に切り、種を除き１cm角に切る。

4 フライパンに油、にんにくを入れ、弱火で香りが立つまでいためる。めかじきを加えて中火でいため、色が変わったら玉ねぎ、ピーマンを加えてさっといためる。白ワインを振り、水１カップ、トマト、**A**を加えてまぜる。ふたをして弱火で８～10分煮てパセリを振り、器に盛る。

すりおろしれんこんと ベーコンのスープ

すりおろしたれんこんのとろみ、やさしい甘み、洋風の
“おかゆさん”のようなスープ。体がほかほかあたたまります。

材料（1人分）

れんこん…100g
ベーコン…４枚
玉ねぎ…¼個（40g）
しめじ…60g
塩…小さじ⅕
こしょう…少々
オリーブ油…大さじ½

1 ベーコンは１cm幅に切る。

2 玉ねぎは横半分に切り、縦薄切りにする。しめじは根元を少し切り落としてほぐす。

3 フライパンに油を熱してベーコンを入れていため、玉ねぎ、しめじを加えてしんなりするまでいためる。水1½カップを加え、煮立ってきたら塩、こしょうを加え、ふたをして弱火で８分ほど煮る。

4 れんこんはピーラーで皮をむいておろし、**3**に加える。弱火でまぜながらとろみが出るまで煮る。

里いもときのこみそスープ

材料（1人分）

鶏もも肉…80g
里いも… 3個（正味100g）
しいたけ… 3個
ブロッコリー…小2房
バター…大さじ1
牛乳…⅔カップ
みそ…大さじ1½
こしょう…少々

1 里いもは皮をむき横半分に切る。塩小さじ1（分量外）を振り、手でもみ、水で洗ってぬめりをとり、水けをふく。

2 しいたけは石づきを切り落とし、軸ごと十文字に切る。ブロッコリーは縦半分に切る。

3 鶏肉は1.5〜2㎝角に切る。

4 フライパンにバターをとかし、鶏肉を入れていため、肉の色が変わったら、しいたけ、里いもを加えていためる。水⅔〜1カップを加え、煮立ってきたらふたをして弱火で8〜10分、里いもがやわらかくなるまで煮る。ブロッコリーを加えて2分ほど煮る。

5 牛乳を加えてあたため、みそをとき入れ、こしょうを振る。

大きめに切った野菜がごろごろ。よくかむのは健康にも◎です。みそと牛乳がとけあったマイルドな風味を楽しんで。

豚肉とじゃがいもの和風カレースープ

じゃがいもは長く煮込まず、シャキシャキ感を残します。
白いごはんに合う、おそば屋さんのカレーを思い出す和風スープ。

材料（1人分）

豚バラ薄切り肉…80g
玉ねぎ…¼個（40g）
じゃがいも…小１個
カレー粉…大さじ½
酒…大さじ１
みりん…大さじ１
しょうゆ…大さじ⅔
油…少々

1 豚肉は３㎝幅に切る。

2 玉ねぎは縦に５㎜厚さに切る。じゃがいもは皮をむいてスライサーで太めのせん切りにし、水で洗い、表面のでんぷんを洗い落として水けをきる。

3 フライパンに油を熱して豚肉を入れ、ほぐすようにしていため、肉の色が変わったら、玉ねぎを加えてしんなりするまでいためる。カレー粉を振っていため、酒を振り、水1½カップを加える。煮立ってきたらふたをして、弱火で８～10分煮る。

4 みりん、しょうゆを加えて調味し、じゃがいもを加えてひと煮する。

鶏肉とキャベツのグラタンスープ

**焦げ目のついたチーズが香ばしく、目にもおいしいスープ。
鶏肉たっぷり、パンも入っているので、これだけでおなかいっぱい。**

材料（1人分）

鶏もも肉…80g
玉ねぎ…¼個(40g)
ブラウンマッシュルーム…３個
キャベツ…100g
にんにくのみじん切り…少々
塩…小さじ⅓
こしょう…少々
フランスパンの輪切り…２枚
ピザ用チーズ…30g
オリーブ油…大さじ１

1 鶏肉は２㎝角に切る。

2 玉ねぎはみじん切りにする。マッシュルームは石づきを切り落とし、６㎜厚さに切る。キャベツは３㎝大に切る。

3 フライパンに油を熱して鶏肉を入れていため、肉の色が変わったら、玉ねぎ、にんにく、マッシュルームを加えていためる。水1⅓カップを加えて煮立ってきたら、塩、こしょうを加え、ふたをして弱火で８分ほど煮る。

4 キャベツを加え、しんなりするまで２〜３分煮る。

5 耐熱の器に**4**を注ぎ、パンをちぎって加え、チーズを振り、オーブントースターで８〜10分焼く。

レンズ豆とソーセージのスープ

水につけたり、下ゆでしたりせずに使えるレンズ豆は、たんぱく質に
食物繊維、鉄などのミネラルも豊富。常備しておくと便利です。

材料（1人分）

レンズ豆（乾燥・皮なし）…40g
ウインナソーセージ…60g
玉ねぎ…小¼個（30g）
セロリ…30g
塩…小さじ⅓
こしょう…少々
オリーブ油…大さじ1

1 ソーセージは1cm厚さの輪切りにする。

2 玉ねぎ、セロリは1cm大に切る。

3 レンズ豆はさっと洗い、ざるに上げる。

4 フライパンに油を熱して玉ねぎ、セロリを入れてさっといため、少ししんなりしたらソーセージを加えていためる。水1½カップを加え、煮立ってきたらレンズ豆を加えてまぜ、再び煮立ってきたら、塩、こしょうを加え、ふたをして弱火で10〜12分煮る。

野菜活用術

きゅうり

せん切りしょうがの辛みと、
とうがらしがアクセント

きゅうりのはりはり漬け

干すとほんの少しの量に。パリパリした食感がやみつき

きゅうりはちょっと忘れていると、野菜室の中でしなしなになってしまいがちな野菜。多めに買ったときは、はりはり漬けにしてみませんか。市販のきゅうりの漬け物もありますが、自家製は添加物の心配もありません。

きゅうりは干すとほんの少しの量になります。しょうがはごく細いせん切りにするのがおいしさのポイントです。

パリパリした食感のはりはり漬けは、ごはんのお供にはもちろん、ビールのおつまみにも。

材料（作りやすい分量）

きゅうり…６本
しょうが…小１かけ
赤とうがらし…１本
A しょうゆ…大さじ３
酢…大さじ３
砂糖…大さじ２
水…大さじ４

1. きゅうりはピーラーで縦に３本ほど皮をむいて１cm厚さの斜め切りにする。盆ざるに広げて、途中まぜて上下を返しながら１〜２日干す。
2. しょうがは皮をむいてごく細いせん切りにする。赤とうがらしはへたを切り、種をとって５mm厚さの小口切りにする。
3. なべに**A**としょうが、赤とうがらしを入れて弱めの中火にかけて煮立て、砂糖をとかして火を止め、冷ます。
4. 保存容器にきゅうりを入れて**3**を注ぎ、４〜６時間漬け、味がなじんだら冷蔵室へ。

風通しのよいところにざるをおいて干します。

少しだけ
手間暇かけて。
親しい人との
食事会にもおすすめの
「ご馳走」レシピ

Part
6

ときにはご馳走を作って、
親しい人を招いて
楽しいひとときを。

料理する楽しさも味わえる。人を呼びたくなるご馳走レシピ

鶏肉のビール煮 マッシュポテト添え

鶏肉にまぶした粉がとろみづけに。ビールのほろ苦さとまろやかなマッシュポテト。まさに大人のご馳走！

ときにはちょっと時間と手間をかけて、ご馳走作りをしませんか？自分のために作ってもいいし、友人や家族を招いて食事会を開いても。誰かと食事をともにし、楽しいときを過ごすのは心の健康にもつながります。

手間がかかるといってもむずかしいものはありません。鶏肉のビール煮に添えたマッシュポテトは、なめらかに仕上げるためにフードプロセッサーを使いました。このひと手間で、本当においしいマッシュポテトができ上がります。ゆでギョーザは、家族や友人と一緒に作っても。楽しい時間を過ごしましょう。

めいめい皿にマッシュポテトと煮込みをとり分けて。

これまでに買い集めた大皿。ふだん出番の少ない大皿もおもてなしに大活躍。

マッシュポテトはフードプロセッサーか裏ごし器でなめらかにし、火にかけて仕上げます。

材料（4人分）

鶏もも肉…２枚(600g)
ペティオニオン…12個
トマト…１個
ブラウンマッシュルーム…100g
さやいんげん…150g
玉ねぎのみじん切り…½個分
ビール(350mℓ缶)…１缶
にんにくのみじん切り…１かけ分
小麦粉…適量
バター…大さじ２
ローリエ…１枚
塩…小さじ１～1⅓
こしょう…適量
油…適量
マッシュポテト(下記参照)
…適量

1 鶏肉は１枚を６等分に切り、ボウルに入れて塩小さじ⅓、こしょう少々を振りまぜ、10分ほどおく。

2 トマトはへたをとり、横半分に切り、種を除き１cm角に切る。

3 ペティオニオンは皮つきのまま熱湯にさっと通してざるに上げ、あら熱がとれたら上下を切り、皮をむいて根元の部分に十文字の切り込みを入れる。マッシュルームは石づきを切り落とす。さやいんげんは塩少々(分量外)を入れた熱湯でゆで、ざるに上げる。

4 フライパンに油を熱して、水けをふいて小麦粉を薄くまぶした鶏肉を入れ、両面を色よく焼きつけてとり出す。

5 フライパンにバターを足して玉ねぎ、にんにくを入れてしんなりするまでいため、ペティオニオン、マッシュルームを加えて１～２分いためる。鶏肉を戻し入れてトマト、ローリエを加えビールを注ぐ。煮立ってきたら、塩小さじ⅔～１、こしょう少々を加え、途中上下を返しながら25～30分煮込む。

6 大皿にさやいんげんとともに盛り、マッシュポテトを添える。

マッシュポテト

材料（2～3人分）

じゃがいも
…３～４個
(300～400g)
牛乳…½カップ
バター…大さじ２
塩…少々
こしょう…少々

1 じゃがいもは皮をむき、縦半分に切り、さらに縦半分に切り、横３等分にして水に10分ほどさらす。

2 なべにじゃがいもを入れてひたひたの水を加え、火にかける。煮立ってきたらふたをして弱火で12～15分、やわらかくなるまでゆでて、ざるに上げる。からのなべに戻し入れて火にかけ、余分な水けをとばす。

3 **2**は熱いうちにフードプロセッサーに入れ、牛乳を加えてなめらかにする。(裏ごし器で裏ごししても。その場合、牛乳は**4**で加える)

4 なべに**3**、バター、塩、こしょうを入れて火にかけ、煮立ってきたら、ゴムべらでなめらかになるまでよくまぜる。

材料（4人分）

豚ロース肉（とんカツ用）
　…４枚
塩、こしょう…各適量
小麦粉、とき卵、パン粉
　…各適量
揚げ油…適量
レモンの輪切り（皮は除く）…４枚
キャベツのせん切り…300g

1 豚肉はまわりの脂肪を切りとり、３～４カ所、筋を切る。

2 まないたに豚肉２枚を並べ、ラップをかぶせて、めん棒などでたたいて４～５㎜厚さにのばす。残りも同じようにのばし、それぞれ両面に塩、こしょう各少々を振る。

3 豚肉に小麦粉、とき卵、パン粉の順に衣をつける。

4 フライパンに油を深さ３㎝ほど入れて中温に熱し、**3**を１枚ずつ計２枚入れて１分ほど揚げ、返して同じように揚げ、とり出す。パン粉のかすを除き、残り２枚も同じように揚げる。

5 器にカツを盛り、レモンをのせ、キャベツを添える。

とんカツ用のロース肉をていねいにたたいて薄くして。
でき上がりにソースはかけません。レモンをしぼってシンプルに。

ミラノ風カツレツ

牛ステーキサラダ

牛肉はちょっと奮発してランプ肉を。室温にもどして焼きます。
生野菜はスピナーでしっかり水けをきるのがおいしさのポイント。

材料（4人分）

牛ランプ肉（ステーキ用）
…２枚（500g）
レタス…½個
プリーツレタス…½個
紫玉ねぎ…½個
クレソン…50g
塩、こしょう…各適量
オリーブ油…適量
フレンチドレッシング
…適量（56ページ参照）

1 牛肉は室温にもどして両面に塩小さじ½、こしょう少々を振る。

2 フライパンに油（牛脂でも）を熱して牛肉を入れ、強火で１分ほど焼き、弱火にして２分ほど焼く。上下を返して同じように焼き、バットにとり出して冷ます。

3 レタス、プリーツレタスは洗い、食べやすく手でちぎる。玉ねぎは横薄切りにする。クレソンは先のやわらかい部分は手でつみ、かたい茎の部分は葉を手でつむ。

4 生野菜は冷水にさらして、パリッとしたらサラダスピナーで水けをきる。

5 **2**はひと口大に切る。

6 器に生野菜、**5**を盛り合わせ、ドレッシングをかけ、塩、こしょう各少々を振る。全体をまぜて食べる。

魚介のイタリアンフリット

食卓がイタリアの
食堂みたいに！
お酒もおしゃべりもはずみます

半分に切ったレモンを豪快にしぼって。

水けをふいた具材に粉を薄くつける。

材料（4人分）
えび(殻つき)…150g
やりいか…２はい
(150g・正味120g)
わかさぎ…150g
たいの切り身…２切れ
A 白ワイン…大さじ２
塩…小さじ１
こしょう…少々
おろしにんにく…１かけ分
レモン汁…大さじ１
米粉または小麦粉 …適量
揚げ油…適量
イタリアンパセリ…適量
レモン…１〜２個

1 えびは水で洗い、水けをふき、殻のまま背にキッチンばさみで切り込みを入れ、背わたのあるものはとる。

2 やりいかはわたごと足を抜いて軟骨をとり除き、水で洗い、水けをふき３cm厚さの輪切りにする。足はわた、目、くちばしをとり、水けをふく。わかさぎは水で洗い、水けをふく。たいは骨をとり、長さを半分に切り、１cm厚さに切る。

3 ボウルに**1**と**2**を入れて**A**を加えてまぜ、20〜30分おいて下味をつける。

4 **3**の汁けをふき、米粉を薄くまぶす。

5 フライパンに半分ぐらいの深さまで油を入れて中温に熱し、イタリアンパセリを入れて、ゆっくりカリッとするまで揚げてとり出す。

6 **4**のたいを入れて強火でカリッと揚げ、残りのわかさぎ、やりいか、えびの順に揚げる。器に盛り、イタリアンパセリをのせ半分に切ったレモンを添える。

具材はまとめて下味をつけてから、
粉をまぶして揚げます。米粉を
使うと冷めてもカリッとしています。

えびと白菜、セロリのゆでギョーザ

材料（4人分）

むきえび…200g
豚ひき肉…100g
白菜…300g
セロリのみじん切り…60g
ギョーザの皮（大判）…32枚

A
- ねぎのみじん切り…大さじ3
- しょうがのしぼり汁…小さじ1
- 酒…大さじ2
- かたくり粉…大さじ2
- ごま油…大さじ½
- 塩…小さじ½
- こしょう…少々

しょうがのせん切り…２かけ分
パクチー（ざく切り）…適量
酢、しょうゆ…各適量

1 白菜はたっぷりの熱湯に塩少々（分量外）を入れ、２～３枚ずつ入れてゆで、しんなりしたら、ざるに広げるようにしてとり出す。残りも同じようにゆでて冷ます。

2 白菜の水けをしぼり、５mm角ぐらいのみじん切りにし、さらに水けをしぼる。

3 えびは背わたのあるものはとり、水で洗う。水けをふき、１cm幅に切り、さらに軽くたたく。

4 ボウルにえび、ひき肉を入れて**A**を加えて手でよくまぜ、白菜、セロリを加えてよくまぜる。

5 ギョーザの皮を広げて中心に**4**を山盛り小さじ１ぐらいのせ、皮の縁にハケで水を塗り、半分に折り半月形にする。縁の部分を手前にして両手で持ち、直線の一方の端に水をつけ、もうひとつの端を重ねるようにしてはりつける。乾いたふきんの上に並べる。残りも同じように包む。

6 たっぷりの熱湯に**5**を入れ、強火にかけ、浮いてきたら30秒～１分ゆでてざるに上げる。

7 器にギョーザを盛り、しょうが、パクチーを添え、酢、しょうゆをつけて食べる。

皮の中央に具をのせ、縁に水を塗る。

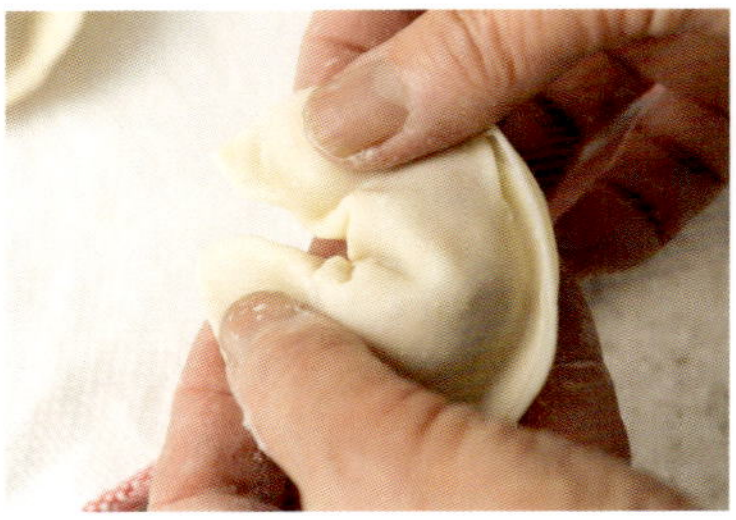

半月形に折り、縁を手前にする。

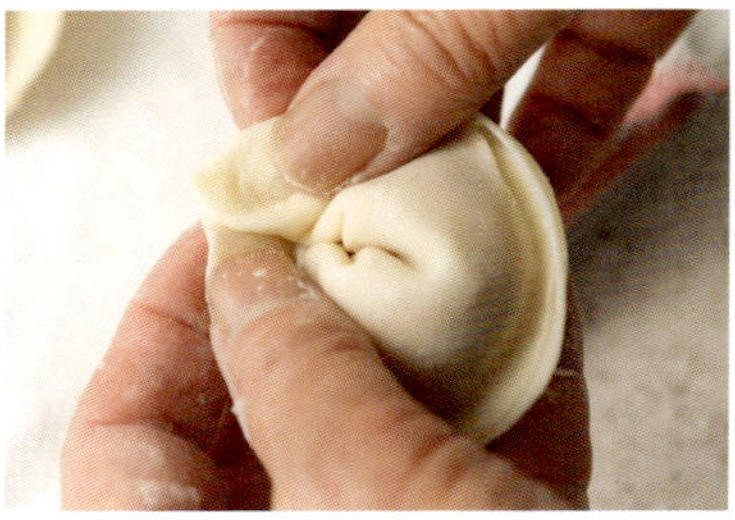

片方の端に水を塗り、両端を重ねて押さえる。

湯気の上がったギョーザ！
おしゃべりは中断して
熱々を食べたい

縁起がいいといわれるお金の形に包みました。
小籠包のようにたっぷりのしょうがと一緒に、
酢じょうゆで召し上がれ。

野菜活用術 かぶ

かぶの千枚漬け

材料（作りやすい分量）

かぶ… 4個
塩… 9g（かぶの重量の3%）
だしこぶ（5cm大）… 1枚
ゆず…¼個
赤とうがらし…½本

1 かぶは皮をむいて2mm厚さの輪切りにし、バットに少しずつずらしながら並べる。

2 こぶは縦半分に切る。ゆずは半月切りにする。

3 ボウルに水1½カップ、塩を入れてまぜて塩をとかす。

4 **1**にこぶ、ゆずを散らし、赤とうがらしを加えて**3**をかけるように注ぎ、半日ほどおく。味がなじんだら冷蔵室へ。

5 かぶをとり出して水けを軽くきり、器に盛り、せん切りにしたこぶ、ゆずの皮をのせる。

べったら漬け風

材料（作りやすい分量）

かぶ… 3個
塩…大さじ½
甘酒（砂糖不使用・市販品）… 1カップ

1 かぶは皮をむき、1cm厚さの輪切りにする。

2 ボウルにかぶを入れて塩を振り、まぜて1時間ほどおく。

3 かぶの水けをふき、保存容器に入れて甘酒を加え、冷蔵室で4〜6時間漬ける。

かぶの甘さ、やわらかさを生かした即席漬け2種

みずみずしくて甘い冬のかぶ。束で売られていることが多いので、残ってしまうことも。多めに買ったときは漬け物にしましょう。やわらかいかぶは長い時間漬けなくても、おいしく仕上がります。

「べったら漬け風」はかぶに塩を振り、出てきた水けをふいたら市販の甘酒に漬けるだけ。自然な甘さのべったら漬けができ上がります。

「千枚漬け」も簡単。スライサーを使うと薄く均一に切れます。白菜の浅漬け（62ページ）と同じように、サラダ感覚でいくらでも食べられます。

Part

7

デザート&おやつ。余裕ができた今だからこそ、手作りを楽しむ

キッチン中に甘い香りが
ただようお菓子作りは、
それだけで幸せな気分に。

甘いおやつやデザートは心の栄養。作っているだけで幸せな気分になります

昔ながらのカスタードプリン、なつかしいおやつの大学いも、ちょっとおしゃれなレモンケーキ……。自分で作ったお菓子の味は格別です。今日は時間がたっぷりある、という日は、お菓子を作ってみませんか？

しばらくお菓子作りはしていないというかたも、これまで作ったことがなかったというかたも、ぜひ、試してみてください。最初は失敗もあるかもしれませんが、何回か作るうちに安定してきます。りんごのコンポートやバナナヨーグルトアイスはとっても簡単。

家族や親しい人との食事会のデザートやお茶会に。プレゼントにも。

材料（直径15㎝の丸型1台分・6～8人分）

卵… 3個
卵黄… 1個分
グラニュー糖…120g
牛乳…450㎖
バニラビーンズ …½本（またはバニラエッセンス少々）

1 型にバター（分量外）を薄く塗る。オーブンは160度に予熱する。

2 小なべにグラニュー糖60g、水大さじ1を入れてよくまぜ、弱めの中火にかける。泡立ってきたら弱火にし、焦げ茶色になってきたら熱湯（大さじ1～2ぐらい）を加え、まぜながら少し煮てカラメルソースを作り、型に流し入れる。（濃いめのほうがおいしい）

3 バニラビーンズは長さを半分に切り、縦に切り込みを入れる。

4 なべに牛乳を入れ、**3**のバニラビーンズの種をこそげとって加え、さやも加えて火にかけ、泡立ってくるまであたためる。

5 大きめのボウルに卵、卵黄、残りのグラニュー糖を入れ、泡立て器で泡を立てないようにまぜ、**4**を少しずつ加えていき、全体をまぜる。万能こし器を通して型に流し入れ、表面にアルミホイルをかぶせる。

直径15㎝、フッ素樹脂加工の焼き型を使用。

6 オーブンの天板に深めのバットをおき、**5**を入れて型の半分ぐらいの高さまで湯（50～60度ぐらい）を注ぐ。160度のオーブンに入れて40分ほど蒸し焼きにする。

7 **6**をとり出してアルミホイルをはずし、あら熱がとれたらラップをかけて冷蔵室で冷やす。

8 **7**のラップをとり、型の底を熱湯に3分ほどつけてカラメルソースをとかす。型より大きい皿をかぶせ、両手で一気に返して型からとり出す。

カスタードプリン

カラメルたっぷり、大きい型でドーンと作る昔ながらのプリン！

食卓に出したとたん歓声がわくプリン。
とり出しやすくするため、
型に薄くバターを塗っておきます。

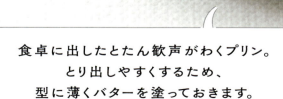

大学いも

さつまいもは大きめに切ります。グラニュー糖をとかしたものを
からめてシンプルに。ごまは好みでたっぷり振っても。

材料（3～4人分）

さつまいも… 2本(450g)
グラニュー糖…60g
いり黒ごま…少々
揚げ油…適量

1 さつまいもは皮つきのまま洗い、ピーラーで縦に3本ほど皮をむき、長めの乱切りにして水に5分ほどさらす。ざるに上げて水けをきり、ふきんで水けをふく。

2 フライパンに半分ぐらいの深さまで油を入れ、160度ぐらいに熱してさつまいもを入れてまぜる。弱火で4～5分、さつまいもがやわらかくなるまで揚げ、油の温度を高温にしてカリッとさせてとり出す。

3 別のフライパンにグラニュー糖、水大さじ2を入れてまぜてとかし火にかける。まわりが少し泡立って飴のようになってきたら、熱いさつまいもを入れてからめ、ごまを振って手早く全体をまぜる。クッキングシートに広げるようにして移し、冷ます。

りんごの
コンポート

きれいなピンク色は紅玉の皮を入れて煮るから。紅玉の季節の定番です。
保存がきくので多めに作るのがおすすめ。ヨーグルトと食べても。

材料(作りやすい分量)

りんご(紅玉)… 3個
白ワイン… 1カップ
グラニュー糖…150g
レモン汁…大さじ3
シナモンスティック…½本
生クリーム…適量
ミントの葉…適量

りんごは半分に切るほか、4等分にしても。

1 りんごはよく洗い、皮をむいて縦半分に切り、芯の部分をスプーンで丸くくりぬく(縦4等分に切り、芯を切りとっても)。皮はとっておく。

2 なべにりんごを並べ、りんごの皮、水2カップ、白ワイン、グラニュー糖、レモン汁、シナモンを入れて火にかける。煮立ってきたら、ふたをして弱火で20〜25分煮て火を止め、そのまま冷ます。

3 **2**のりんごの皮をとり除き、冷蔵室で冷やす。

4 器にりんごを盛り、煮汁を注ぎ、とろりと泡立てた生クリームをかけ、ミントを添える。
※冷蔵室で2週間保存できる。

レモンケーキ

生地とアイシングに加えたレモン果汁の味と香りのさわやかさ！

材料（約8×5㎝のレモン型6個分）

とき卵…80g
国産レモン…１個
グラニュー糖…60g
薄力粉…65g
ベーキングパウダー…大さじ½
バター（無塩・とかす）…50g
粉砂糖…70g

シロップ

グラニュー糖…50g
水…50ml

1 型にとかしたバター（無塩・分量外）を薄くハケで塗り、薄力粉（分量外）を薄く振り、冷蔵室で冷やす。オーブンは180度に予熱する。

2 薄力粉、ベーキングパウダーは合わせてふるいにかける。

3 レモンをたわしで洗い、水けをふく。皮をすりおろし、汁をしぼっておく（大さじ３）。

4 大きめのボウルにグラニュー糖60gを入れ、レモンの皮のすりおろし、レモン汁大さじ２を加え、まぜ合わせる。

5 **4**にとき卵を２回に分けて入れ、そのつど、泡立て器でよくまぜる。**2**の粉を加えてまぜ、とかしバターを加えてつやが出るまでよくまぜる。

6 型の八分目まで流し入れ、５㎝ほどの高さから落とし、余分な空気を抜き、180度のオーブンに入れて20〜25分焼く。

7 小なべにシロップの材料を入れて弱火にかけてとかし、冷ます。

8 **6**を型から出して熱いうちに**7**のシロップをハケで塗り、冷ます。

9 ボウルに粉砂糖、レモン汁少々を入れてよくまぜ、アイシングを作る。冷めたレモンケーキの丸い部分をアイシングにつけて、レモンの皮のすりおろしを散らし、ケーキクーラーにのせて乾かす。

焼き上がりがかわいいレモンケーキの専用型。金属製は焼き色がきれい。

皮も使うので国産のレモンで作ります。
専用の型がなければ、カップケーキ型や
マフィン型で作っても。

バナナ
ヨーグルトアイス

さわやかな甘みと酸味のアイスクリーム。バナナはできれば完熟に近いものを。ヨーグルトはグラニュー糖がとける程度にあたためます。

材料（4〜5人分）

プレーンヨーグルト…200g
バナナ…２本（正味150g）
レモン汁…大さじ½
グラニュー糖…80g

1 小なべにヨーグルト、グラニュー糖を入れて弱火にかけてまぜ、砂糖がとけたら火からおろして冷ます。

2 バナナは皮をむいて１cm厚さの輪切りにしてフードプロセッサーに入れ、レモン汁を振り、ピューレ状にする。

3 **2**に**1**を加えてまぜ、金属製（ホーロー・ステンレス）の保存容器に入れて冷凍室に入れて冷やし固める。途中、まわりが凍ってきたら、フォークなどで全体をかきまぜ、これを何回か繰り返すとなめらかになる。

4 器に盛り、あれば輪切りにしたバナナを飾る。

かぼちゃまんじゅう

素朴な、どこかなつかしい味。生のかぼちゃは水分量が個々に異なるので
ほくほくした冷凍の栗かぼちゃを使います。あんを入れて焼いても。

材料（4個分）

栗かぼちゃ（冷凍）
…200g（正味150g）
砂糖…大さじ1½
かたくり粉…大さじ2
牛乳…大さじ2～3
とかしバター…大さじ2
シナモンシュガー…大さじ2

1 かぼちゃは耐熱ボウルに入れてラップをかけ、電子レンジ（600W）で5分加熱してあたため、皮を除き、裏ごしして冷ます。

2 **1**のかぼちゃに砂糖、かたくり粉、牛乳、とかしバターをまぜて4等分し、まるく平たく形づくる。

3 フライパンを熱して**2**を間隔をあけて並べ、ふたをして弱めの中火で5分ほど色よく焼き、返して同じように色よく焼く。

4 器に盛り、シナモンシュガーをかける。

わらびもち

材料（4人分）

わらびもち粉…50g
グラニュー糖…50g
きな粉…大さじ2
砂糖…大さじ2
塩…少々

わらびもち粉にはれんこんなどのでんぷんを使ったものも。本わらび使用のものがおすすめ。

1 ボウルにわらびもち粉を入れて水250mℓを加えてときのばし、直径15〜16cmのなべに万能こし器でこし入れる。

2 グラニュー糖を加えてまぜ、弱めの中火にかける。耐熱のゴムべらなどで絶えず底からかきまぜ、少し白濁したら弱火にし、透き通ってなめらかになるまでまぜながら加熱して、火を止める。

3 バットを水でぬらし、**2**を流し入れて表面にラップをぴっちりとのせ、室温で冷ます。冷蔵室には入れない。

4 別のボウルにきな粉、砂糖、塩を入れてまぜる。

5 **3**を水でぬらしたスプーンですくって、**4**に入れてまぶし、器に盛る。好みで**4**をかける。

市販の「わらびもち粉」で簡単に作れます。焦げないように弱火で全体が透き通るまで、手を止めずにまぜるのがポイント。

バスク風チーズケーキ

人気のバスク風チーズケーキ。作り方は簡単、材料を順にまぜて、
焼くだけです。冷蔵庫で冷やすとしっとりなめらかな食感に。

材料（直径15cmの丸型1台分）

クリームチーズ…300g
グラニュー糖…100g
卵…小4個
生クリーム…300mℓ
薄力粉…大さじ2

1 型にオーブンシートを敷く。オーブンは230度に予熱する。

2 クリームチーズは大きめのボウルに入れて室温にもどす。

3 卵は割りほぐす。

4 **2**のチーズを泡立て器でクリーム状に練り、グラニュー糖を3回ぐらいに分けて加え、そのつどまぜる。

5 **4**にとき卵を3～4回に分けて加えて、そのつど、泡立て器でなめらかにまぜ、薄力粉をふるい入れまぜる。生クリームを加えて全体をよくまぜる。

6 型に**5**を流し入れる。

7 230度のオーブンに入れて10分焼き、200度に下げて40～50分焼く。竹ぐしを刺して何もついてこなければ、焼き上がり。オーブンからとり出す。

8 あら熱がとれたら、乾燥を防ぐため大きな保存容器（ジッパーつき保存袋でも可）に入れて冷蔵室で冷やす。

9 型から出してオーブンシートをとり、食べやすく切り、器に盛る。

乾物活用術

きくらげ・切り干し大根

きくらげとこぶの佃煮

だしをとったあとのこぶは冷凍しておき、ある程度の量になったら佃煮に。

材料（作りやすい分量）

きくらげ（乾燥・水でもどす）…60g
だしこぶ（だしをとったあとのもの）…100g
だし…⅓カップ

A
- 酒…大さじ2
- みりん…大さじ3
- 砂糖…大さじ1½～2
- しょうゆ…大さじ2

いり白ごま…大さじ1

1 きくらげはかたい部分を除き、せん切りにする。

2 こぶは長いものは４～５㎝長さに切り、繊維を切断するようにせん切りにする。

3 なべにだし、**A**を煮立て、こぶ、きくらげを加えてまぜ、再び煮立ってきたら、ふたをして弱火で10分ほど煮る。汁けが多いようであれば、中火でとばし、ごまを振る。

だしをとったこぶも活用。ごはんが進む佃煮とお漬け物

週に2～3回、こぶと削り節でだしをとるので、こぶがたまります。たまったら佃煮に。買いおき食材として便利な乾燥きくらげも一緒に煮ると、こりこりしたきくらげがアクセントになって楽しい食感になります。

切り干し大根も煮物やスープ、サラダなど、いろいろ使えますが、はりはり漬けもおすすめ。切り干し大根には細いものと太いものがあり、どちらで作ってもいいのですが、歯ごたえのあるものが好きな私のおすすめは太いほうです。佃煮に漬け物、ごはんのお供の定番ですね。